DCG 1

FONDAMENTAUX DU DROIT

DCG 1

FONDAMENTAUX DU DROIT

CORRIGÉS

2e édition

Jean-François Bocquillon
Agrégé d'économie et de gestion
Professeur en classes préparatoires à l'expertise comptable

Martine Mariage
Agrégée d'économie et de gestion
Professeur en classes préparatoires à l'expertise comptable

en partenariat avec

DUNOD
leader de l'expertise comptable

EDITIONS
FRANCIS LEFEBVRE

Crédits iconographiques :
p. 34 : © contest by Adrien Coquet from the Noun Project ;
p. 35 : © Smartphone by Lillian Abigail from the Noun Project.

Maquette de couverture :
Hokus Pokus

Maquette intérieure :
Yves Tremblay

11 rue Paul Bert, 92240 Malakoff
www.dunod.com
ISBN 978-2-10-080559-4

SOMMAIRE

CHAPITRE 1

Le droit : finalités, règles et branches

Évaluer les savoirs

1 Quiz

1. Faux. Le droit objectif ne détermine pas seulement les droits d'une personne. Il est composé de l'ensemble des règles qui gouvernent les rapports entre les hommes.

2. Faux. Le droit subjectif est l'application des règles de droit aux personnes. Il désigne les prérogatives qui appartiennent aux personnes.

3. Vrai. La règle de droit à un caractère coercitif. Elle est sanctionnée pénalement et/ou civilement.

4. Vrai. La morale est un ensemble de valeurs et de principes qui permettent de différencier le bien du mal, le juste de l'injuste, l'acceptable de l'inacceptable, et auxquels il faudrait se conformer.

5. Vrai. L'éthique est une réflexion argumentée en vue du bien-agir. Elle propose de fixer des règles de conduite en s'interrogeant sur les valeurs morales qui devraient orienter nos actions, dans différentes situations.

6. Vrai. Le droit constitutionnel s'applique à un État. Il fait partie du droit national.

7. Vrai. Le droit privé régit les rapports entre particuliers. Le droit commercial fait partie du droit privé. Les particuliers concernés sont les commerçants.

8. Vrai. Idem question 3.

9. Faux. Le droit privé régit les rapports entre particuliers. Le droit du travail fait partie du droit privé. Les particuliers sont des employeurs et des salariés.

10. Faux. Le droit fiscal n'est pas une partie du droit administratif. C'est une branche du droit financier puisqu'il concerne les impôts et leur assiette, leur liquidation, leur recouvrement.

11. Faux. La règle de droit n'a pas un caractère personnel, elle ne vise pas les personnes mais les situations juridiques dans lesquelles elles se trouvent. En revanche, la règle de droit a un caractère général en ce sens qu'elle a vocation à s'appliquer à tous.

12. Vrai. Toutefois, il renvoie à des sources juridiques diverses. Il applique des raisonnements juridiques de droit privé (ex. : réparation du préjudice environnemental).

13. Faux. Le droit comptable s'applique aux personnes de droit privé (commerçants, sociétés).

14. Faux. Le droit de la consommation s'applique aux relations entre consommateurs et professionnels ou, quand la loi le prévoit, entre professionnels et non-professionnels.

2 À chacun sa branche !

Rattachez les situations suivantes aux branches du droit concernées.

1. Un conflit entre deux personnes à propos d'un héritage : droit civil.
2. La nomination d'un procureur de la République : droit administratif.
3. La vente d'un fonds de commerce de jeux vidéo : droit commercial.
4. Le non-paiement de l'impôt sur le revenu : droit financier, droit fiscal.

5. Le licenciement d'un comptable : droit du travail.

6. La prise en charge des frais liés à un accident du travail : droit de la sécurité sociale.

7. La gestion des biens d'un mineur : droit civil.

8. Une escroquerie : droit pénal.

9. Un conflit entre les associés de la SARL Rex Stout : droit des sociétés.

10. L'ouverture d'une succession : droit civil.

11. Un conflit à propos de la prise en charge de frais d'hospitalisation : droit de la sécurité sociale.

12. Des injures proférées en public : droit pénal.

13. La publication d'une photo d'un chanteur célèbre giflant, dans les bureaux de son avocat, son ex-femme : droit civil (la publication est une atteinte à la vie privée, article 9 du Code civil).

14. L'élection d'un député : droit constitutionnel.

15. Un litige entre un fonctionnaire et son employeur, la mairie de Roanne : droit administratif.

16. La procédure d'élaboration du budget de la Sécurité sociale : droit financier.

17. Le rejet de déchets dans une rivière : droit de l'environnement.

18. Le piratage d'un film : droit pénal.

19. Un vol de voiture : droit pénal.

20. Un conflit à propos de la construction d'un nouvel édifice public : droit administratif.

Maîtriser les compétences

3 Droit, morale ou éthique

Compétence attendue **Distinguer** la règle de droit des autres règles de la vie sociale

Classez les règles suivantes selon qu'elles sont d'ordre juridique, moral ou éthique.

1. L'interdiction de fumer dans les locaux publics : juridique.

2. L'engagement d'une entreprise à ne pas faire fabriquer ses vêtements par des sous-traitants employant des enfants : éthique.

3. Le respect de ses parents : morale.

4. Le devoir d'aider ses ascendants ou descendants dans le besoin : juridique.

5. Le paiement de l'impôt sur le revenu : juridique.

6. La courtoisie : morale.

7. Être loyal et s'interdire tout conflit d'intérêts : éthique.

8. Ne pas s'approprier le bien d'autrui : juridique.

9. Respecter la tranquillité d'autrui : juridique

10. Le souci permanent de la qualité et du développement durable : éthique.

Préparer l'épreuve

4 Commentaire de document : la protection des droits fondamentaux à l'ère du numérique

Compétence attendue **Distinguer** la règle de droit des autres règles de la vie sociale

1. Précisez ce qu'il faut entendre par « civilité »

La civilité dans le texte est « l'art de vivre ensemble ». L'Académie française reconnaît les deux sens suivants au terme « civilité » : au singulier, il désigne une manière courtoise et polie de vivre et de se comporter en société et, au pluriel, les manifestations de cette courtoisie et de cette politesse.

2. Identifiez les mutations technologiques auxquelles le texte fait référence.

Toute introduction de techniques, de processus ou de matériels nouveaux est une mutation technologique. Le texte se réfère à l'essor d'Internet, des réseaux sociaux et des plateformes numériques qui bouleversent la vie économique et sociale.

3. Distinguez les droits fondamentaux auxquels les mutations technologiques portent atteinte. Illustrez vos propos à l'aide d'exemples.

Les mutations technologiques portent atteinte à la vie privée, au droit à l'image : diffusion et accès aux informations personnelles sur les réseaux, atteintes aux réputations, *cookies* et *tracking*, surveillance des salariés et de leurs performances, géolocalisation.

4. Justifiez l'intervention du législateur dans ce contexte.

Le législateur vise à garantir la protection des droits et des libertés. Il sanctionne certains contenus diffusés par les hébergeurs sur internet, il contrôle la diffusion d'informations personnelles (nécessaire consentement de l'intéressé pour l'utilisation de ses données, règlement européen RGPD, règlement général sur la protection des données, etc.).

CHAPITRE 2 Les sources du droit

Évaluer les savoirs

1 QCM

1. a, c. Le droit européen originaire est composé des traités instituant l'UE, des traités fondateurs (CECA en 1951, CEE Rome en 1957) et de ceux qui ont créé l'actuelle UE jusqu'au TFUE (traité sur le fonctionnement de l'UE en 2009). L'ensemble forme le droit européen originaire.

2. a. En application du principe d'applicabilité directe, une directive crée des droits et des obligations pour les ressortissants de l'UE. Ceux-ci peuvent s'en prévaloir dès sa parution auprès des juridictions nationales.

3. a. Le règlement est d'application immédiate, obligatoire dans tous ses éléments et s'impose aux États et aux ressortissants de l'UE.

4. b. Dès le lendemain de sa publication au *JORF* et jusqu'à son abrogation, la loi est obligatoire. Ainsi nul n'est censé ignorer la loi.

5. b, c. Un règlement ne peut pas être contraire à une loi. Les conventions collectives doivent être conformes à la loi qui dans certains cas est supplétive. Dans ce cas elle s'applique à défaut d'une convention collective (ex. : fixation du taux de la majoration des heures supplémentaires).

6. b. Le Conseil constitutionnel peut être saisi pour vérifier la conformité d'une loi à la Constitution. Il peut être saisi par le président de la République, le Premier ministre, le président de l'Assemblée nationale et le président du Sénat. La saisine du Conseil constitutionnel est également ouverte à au moins 60 députés ou 60 sénateurs (loi constitutionnelle du 29 octobre 1974).

7. c. Le contrôle de conventionnalité est le contrôle de la conformité des lois par rapport aux traités. En refusant d'exercer lui-même ce contrôle, le Conseil constitutionnel a conduit l'ensemble des juridictions françaises, tant judiciaires qu'administratives à le faire.

2 L'accord de Paris sur le climat

1. Précisez l'objet de l'accord de Paris.

Vocabulaire :

- *Développement durable : le développement durable est un mode de développement qui répond aux besoins des générations présentes sans compromettre la capacité des générations futures de répondre aux leurs (définition du rapport Brundtland des Nations Unies 1987 par la Commission mondiale sur l'environnement et le développement de l'Organisation des Nations unies) :*
- *Résilient : « fait de rebondir », capacité de l'écosystème, d'une espèce ou d'un individu à retrouver un fonctionnement ou un développement normal après avoir subi une perturbation.*
- *Gaz à effet de serre : gaz dont la concentration dans l'atmosphère terrestre est à l'origine du réchauffement climatique.*

L'accord de Paris porte sur le climat. Il a pour objet de renforcer la coopération entre États pour apporter une réponse globale à la menace du changement climatique. Il promeut le développement durable et la lutte contre la pauvreté en limitant l'élévation de la température, renforçant les capacités d'adaptation à ces changements et en limitant les effets des gaz à effet de serre.

2. Rattachez cet accord à la catégorie de textes juridiques adéquate. Justifiez votre réponse.

Ce texte est un accord entre des États. Il a la particularité de fixer, dans son champ d'application – le climat – des règles non contraignantes et contraignantes. Sur les règles obligatoires, on peut qualifier cette partie de traité.

3. Identifiez les pays qui devront appliquer cet accord.

En 2017, 194 pays, soit la quasi-totalité des pays reconnus de l'ONU et l'UE, le Nicaragua, la Syrie vont appliquer cet accord. Les États-Unis se sont retirés depuis, après l'élection de Donald Trump.

4. Déterminez à quelle condition l'accord a été rendu applicable en France.

L'accord a été rendu applicable en France par une loi de ratification votée au Parlement.

5. Analysez la possibilité, pour le président français, à l'instar de Donald Trump, de décider du retrait de la France de cet accord. Justifiez votre réponse.

L'accord de Paris prévoit une procédure de dénonciation de l'accord. C'est l'article 28 qui permet aux signataires d'en sortir, mais pas sous n'importe quelles conditions. Le texte prévoit que toute partie prenante peut s'en soustraire à l'expiration d'un délai de trois ans à compter de la date d'entrée en vigueur (4 novembre 2016). Ce processus prend ensuite un an pour arriver à son terme.

Donald Trump a décidé en juin 2017 du retrait des États-Unis de l'accord de Paris au nom de la défense des emplois américains et de son slogan : « L'Amérique d'abord ». Les États-Unis sont le deuxième pollueur au monde derrière la Chine. Cela amène donc la sortie des États-Unis au 4 novembre 2020.

Chaque État, par son représentant politique et en application de la procédure du traité, peut utiliser la procédure de dénonciation.

L'économie circulaire est un système économique d'échange et de production qui, à tous les stades du cycle de vie des produits (biens et services), vise à augmenter l'efficacité de l'utilisation des ressources et à en diminuer l'impact sur l'environnement tout en développant le bien-être des individus (définition de l'Ademe, ↪ UE 5).

Le secteur halieutique regroupe les activités de pêche.

Maîtriser les compétences

❸ Environnement : que disent les textes européens ?

Compétence attendue — **Identifier** et **distinguer** les différentes sources du droit

1. Précisez l'objet, les destinataires, les modalités d'entrée en vigueur et la qualification de chacun des documents. Justifiez votre réponse.

	Document 1	Document 2
Objet	Modifications de possibilités de pêche : le requin-baleine est inscrit sur les listes des espèces interdites à la pêche	• Prévention et réduction des déchets et des effets nocifs de la gestion et la production des déchets • Réduction des incidences globales de l'utilisation des ressources et amélioration de leur efficacité dans la perspective d'une économie circulaire et de la compétitivité à LT de l'UE

	Document 1	Document 2
Destinataires	Les États membres de l'UE et leurs ressortissants (en particulier les pêcheurs)	Les États membres de l'UE
Entrée en vigueur	Le jour suivant sa publication au *JOUE*	20 jours après la publication au *JOUE* (principe d'applicabilité directe) Délai de transposition dans le droit national : 5 juillet 2020
Qualification	Règlement européen	Directive européenne

2 et 3. Expliquez si un ressortissant d'un pays de l'UE peut se prévaloir :
– du premier texte (document 1) dès sa publication au *JOUE*.
– du second texte (document 2) dès sa publication au *JOUE*.

En application du principe d'applicabilité directe, un ressortissant de l'UE peut se prévaloir d'un règlement dès sa publication, et d'une directive dans les 20 jours de sa publication. Le droit européen a un effet direct sur les ressortissants de l'UE. Par conséquent, ces derniers peuvent se prévaloir d'une règle européenne (directive ou règlement) devant un juge de leur pays.

4 La réduction du nombre de parlementaires

Compétence attendue **Différencier** les principales catégories de loi

1. Relevez, dans le texte, les différents types de loi.

2. Rappelez l'objet des différentes lois.

3. Justifiez, dans le cas exposé, le recours à ces différents types de loi.

	Objet	Justification du recours
Loi constitutionnelle	Loi qui modifie la Constitution, adoptée par le Congrès (AN et Sénat réunis) (Constitution, art. 89)	• Réforme des institutions pour une démocratie plus représentative, responsable et efficace. • Exemple : incompatibilité des fonctions de gouvernement avec l'exercice d'une fonction exécutive, création de la chambre de société civile
Loi organique	Loi qui précise l'organisation et le fonctionnement des pouvoirs publics, adoptée à la majorité absolue de l'AN	Réduction des effectifs parlementaires de 30 % et renouvellent de l'ensemble du sénat en 2021.
Loi ordinaire	Loi votée dans le cadre du domaine défini à l'article 34 de la Constitution (domaines réservés, principes fondamentaux, loi de finance, loi de financement de la sécurité sociale, loi de programme)	Autorise le gouvernement à procéder par ordonnances

5 QPC et vaccination

Compétence attendue — **Identifier** les contrôles de constitutionnalité d'une loi

Décryptage des compétences

Le candidat doit connaître et identifier les contrôles de constitutionnalité que sont le contrôle *a priori* (décision constitutionnelle) et *a posteriori* (question prioritaire de constitutionnalité), ainsi que les modalités de saisine.

1. Définissez la question prioritaire de constitutionnalité ou QPC.

La QPC est une question que toute personne, partie à un procès ou une instance peut poser au Conseil constitutionnel qui estime qu'une disposition législative porte atteinte aux droits et libertés que la Constitution garantit.

Le Conseil constitutionnel est saisi sur renvoi du Conseil d'État (ordre administratif) ou de la Cour de cassation (ordre judiciaire) si les conditions de recevabilité de la question sont réunies. Le Conseil constitutionnel peut prononcer une éventuelle abrogation de la disposition législative.

2. Présentez le motif pour lequel le Conseil constitutionnel a été saisi.

Le Conseil constitutionnel a été saisi afin de se prononcer sur la conformité à la Constitution d'une disposition concernant l'obligation de la vaccination antidiphtérique, antitétanique et antipoliomyélitique (DTP) des enfants mineurs.

3. Analysez la décision du Conseil constitutionnel.

Le Conseil constitutionnel a prononcé la conformité de cette disposition à la Constitution. Il s'est fondé sur le onzième alinéa du préambule de la Constitution de 1946 (qui figure dans l'actuelle Constitution du 4 octobre 1958). Cet alinéa garantit à tous la protection de la santé, notamment aux enfants. En application de ce principe, le législateur peut définir une politique de vaccination qui permet de lutter contre les trois maladies graves concernées et rendre obligatoire le DTP pour les enfants qui s'inscrivent en crèche ou en école. Cette disposition protège la santé de l'enfant mais aussi la santé collective.

6 L'entreprise Augustin

Compétence attendue — **Repérer** un conflit de normes et **expliciter** sa résolution dans une situation donnée

À l'aide de vos connaissances et des documents, indiquez comment les heures supplémentaires de Léopoldine seront rémunérées par la société Augustin.

Principes juridiques. Les conventions collectives sont des accords négociés entre les partenaires sociaux au niveau des branches professionnelles, des groupes, des entreprises ou des établissements. Ils organisent les conditions d'emploi, de formation, de travail ainsi que les garanties sociales.

Le Code du travail prévoit qu'une convention collective peut comporter des dispositions plus favorables aux salariés que les dispositions légales en vigueur. En même temps, elle ne peut déroger aux dispositions qui revêtent un caractère d'ordre public. L'ordre public est défini comme ce qui est indispensable à l'organisation sociale. Il convient donc de distinguer les dispositions légales d'ordre public qui sont impératives, les règles pour lesquelles les conventions collectives peuvent prévoir des dispositions plus favorables aux salariés, les dispositions dérogatoires et les dispositions où la loi est supplétive.

Concernant le paiement des heures supplémentaires, la loi pose un principe d'ordre public : la majoration des heures supplémentaires (C. com., art L. 3121-28).

La loi pose le principe de fixation de cette majoration par une convention ou un accord collectif, au taux minimum de 10 % (C. com., art. L. 3121-33.I).

À défaut d'accord, la loi est supplétive. Une majoration de 25 % pour les huit premières heures hebdomadaires et 50 % au-delà est appliquée (C. com, art. L. 3121-36).

Application. En l'espèce, la convention collective appliquée dans l'entreprise d'Augustin prévoit conformément à la loi un taux de majoration supérieure à 10 %, soit 15 %. En conséquence toute heure supplémentaire effectuée par Léopoldine sera payée avec une majoration de 15 %.

Préparer l'épreuve

7 Commentaires de document : protection des données à caractère personnel

Compétences attendues

- **Identifier** et **distinguer** les différentes sources du droit
- **Schématiser** les étapes du processus d'élaboration de la loi

Définition de la Commission nationale de l'informatique et des libertés (Cnil) de la notion de donnée personnelle : *toute information identifiant directement ou indirectement une personne physique (ex. : nom, numéro d'immatriculation, numéro de téléphone, photographie, date de naissance, commune de résidence, empreinte digitale…).*

1. Repérez les différentes sources du droit qui interviennent dans la protection des données personnelles.

- Directive 95/46/CE : règlement général des données.
- Règlement UE 2016/679 : protection des personnes physiques à l'égard du traitement des données à caractère personnel et à la libre circulation de ces données.
- Charte des droits fondamentaux de l'UE, art 8 §1 et article 16§1 : principe du droit à la protection des données à caractère personnel de toute personne.
- Traité sur le fonctionnement de l'UE (TFUE), article 16 §2 : mandat donné au Parlement européen et au Conseil de fixer les règles relatives à la protection des personnes physiques.
- Loi n° 2018-493 du 20 juin 2018 relative à la protection des données personnelles.

2. Hiérarchisez ces sources et justifiez cette hiérarchie.

1. Droit européen originaire : Traité sur le fonctionnement de l'UE (TFUE), Charte des droits fondamentaux de l'UE. Le traité de Lisbonne a donné à la Charte des droits fondamentaux de l'UE la même valeur juridique que celle des traités. Elle revêt un caractère contraignant pour les États membres et tout citoyen peut s'en prévaloir en cas de non-respect de ces droits par un texte européen.

2. Droit européen dérivé :
   a. Directive 95/46/CE
   b. Règlement UE : droit national, application du principe de primauté
3. Loi n° 2018-493 du 20 juin 2018

Les traités sont supérieurs au droit européen dérivé (directive, règlement). La loi française est conforme au droit européen (principe de primauté).

3. Identifiez les étapes d'élaboration de la loi du 20 juin 2018.

- Phase de discussion et vote à l'Assemblée nationale et au Sénat, navette et vote final par l'AN
- Décision du Conseil constitutionnel de conformité de la loi à la Constitution, saisi dans ce cas particulier, après le vote du texte par le Parlement.
- Promulgation par le président de la République.
- Publication au *JORF*.

8 Commentaire de document : QPC et régime de circulation des gens du voyage

Compétence attendue **Identifier** les contrôles de constitutionnalité d'une loi

Expliquez les raisons pour lesquelles les gens du voyage ont saisi le Conseil constitutionnel. Analysez la décision du Conseil constitutionnel.

Le Conseil constitutionnel exerce un contrôle de constitutionnalité des lois *a priori*. La réforme constitutionnelle de 2008 a créé un contrôle de constitutionnalité des lois *a posteriori* par le recours à la question prioritaire de constitutionnalité (QPC). C'est le droit reconnu à toute personne qui est partie à un procès ou une instance de soutenir qu'une disposition législative porte atteinte aux droits et libertés que la Constitution garantit. Si les conditions de recevabilité de la question sont réunies, il appartient au Conseil constitutionnel, saisi sur renvoi par le Conseil d'État et la Cour de cassation de se prononcer et, le cas échéant, d'abroger la disposition législative.

Les gens du voyage relèvent des dispositions de la loi du 3 janvier 1969 qui seraient contraires aux principes d'égalité et de libre circulation. Ces dispositions portent sur l'institution d'un carnet de circulation aux personnes sans domicile ni résidence fixe depuis plus de 6 mois, qui logent de façon permanente dans un véhicule, une remorque ou tout autre abri mobile et qui ne justifient pas de ressources régulières leur assurant des conditions normales d'existence. Ce carnet doit être visé tous les 3 mois par l'autorité administrative. Toute personne circulant sans ce carnet est punie d'une peine d'un an d'emprisonnement.

L'existence d'un carnet de circulation particulier pour des personnes ne justifiant pas de ressources régulières est contraire à la Constitution. L'imposition d'un visa tous les 3 mois et la sanction y afférant sont une atteinte disproportionnée à l'exercice d'aller et venir. En revanche, l'existence et les règles de visa de titre de circulation applicables aux personnes circulant en France sans domicile fixe ne sont pas contraires au principe d'égalité et de liberté d'aller et venir. Elles permettent de localiser des personnes qui se trouvent sur le territoire français et de communiquer avec elles.

CHAPITRE 3 La preuve des droits subjectifs

Évaluer les savoirs

1 QCM

1. c. Une preuve écrite doit donc être préconstituée dans le cas d'un acte juridique > à 1 500 € afin de l'utiliser pour prouver d'existence de droits subjectifs en cas de contestation.

2. b, c. La règle de droit n'est pas à prouver, le juge la connaît. Il faut prouver l'existence d'une situation qui donne naissance à un droit : un acte ou un fait juridique.

3. a. C'est à celui qui demande la reconnaissance d'un droit d'apporter la preuve de la situation qui donne naissance à ce droit.

4. a. Une présomption dispense une personne de prouver ce qu'elle avance. Elle peut résulter de la loi ou d'un fait. Les présomptions légales sont simples ou irréfragables. Dans le premier cas la preuve contraire peut être apportée.

5. c, d. Un acte sous signature privée est rédigé par les parties et sa signature est obligatoire. Le contenu de l'acte fait foi jusqu'à preuve du contraire. La date de l'acte fait foi entre les parties jusqu'à preuve du contraire. La signature peut être contestée.

6. b, d. Un acte authentique est dressé par une personne qualifiée. L'exactitude ou la sincérité de l'acte peut être contestée par une procédure d'inscription de faux.

7. a, b, c. Un écrit électronique peut être rédigé entre particuliers ou sous forme authentique. Par exemple l'acte notarié est préparé par le notaire et validé grâce à une clé informatique cryptée qui contient l'identification et la signature du notaire. Pour qu'il ait la même valeur que l'écrit manuscrit, l'acte électronique doit valider plusieurs conditions : être intelligible, permettre d'identifier celui dont il émane, être conservé dans des conditions de nature à garantir son intégrité.

8. c, d. Les faits juridiques peuvent être prouvés par tous moyens. La preuve est libre en droit commercial.

2 Marion

1. Qui est demandeur ? Qui est défendeur ?

Marion est le demandeur, Baptiste est le défendeur.

2. S'agit-il d'un acte ou d'un fait juridique ?

Un fait juridique est un événement ou un agissement auquel la loi attache des effets de droit, qu'il soit volontaire ou non. En l'espèce il s'agit d'un fait juridique. L'ouverture d'un parapluie qui a provoqué un dommage.

3. Que devra prouver Marion ?

La preuve porte sur le fait qui donne naissance à un droit. En l'espèce l'ouverture du parapluie donne naissance au droit à réparation de Marion.

4. Comment Marion pourra-t-elle apporter la preuve de cet accident ?

La preuve d'un fait est libre. En l'espèce Marion pourra apporter la preuve par tous moyens, des témoignages par exemple.

Maîtriser les compétences

3 Résolution de situations pratiques : force probante de l'écrit

Compétence attendue **Identifier** les moyens de preuve et leur force probante

1. a. Quelle est la valeur juridique de ce document ?

C'est un acte sous signature privée.

1. b. Quelle est sa valeur probante ?

La signature peut être contestée. Le contenu comme la date ne font foi que jusqu'à preuve du contraire.

1. c. Dans l'hypothèse où un seul exemplaire aurait été établi, quelle serait la valeur probante de cet exemplaire ?

Il s'agit d'un contrat synallagmatique. Par conséquent il est soumis à la formalité du double. L'absence de cette formalité n'entraîne pas la nullité du contrat de location mais l'acte instrumentaire est nul. Toutefois, cet acte pourra être utilisé comme commencement de preuve par écrit dans les cas où ce moyen de preuve est admis.

2. a. Quelle est nature juridique de ce document ?

C'est un acte sous signature privée.

2. b. Quelle est la valeur probante de ce document ?

Il s'agit d'un acte unilatéral de payer une somme d'argent ; par conséquent, la mention manuscrite de la somme en lettres et en chiffres doit être portée sur le document. La signature peut être contestée. Le contenu comme la date ne font foi que jusqu'à preuve du contraire.

3. a. Quelle est la nature juridique de ce document ?

Un contrat de mariage est un acte authentique. Il est dressé par un notaire, qui est une personne qualifiée.

3. b. Laure affirme avoir signé ce contrat sous contrainte. Que peut-elle faire ?

L'acte authentique fait foi jusqu'à inscription de faux pour ce qui concerne les mentions portées par Maître Bavard. En revanche, en ce qui concerne les circonstances de l'acte, celles-ci ne font foi que jusqu'à preuve du contraire. Il appartient à Laure d'apporter la preuve des circonstances qui l'ont amenée à signer ce contrat de mariage.

4. a. Quelle est la nature de ce document ?

La correspondance fait partie des documents ou « autres écrits ».

4. b. Quelle est sa valeur probante ?

La force probante de la correspondance est limitée. Elle peut faire preuve contre son auteur.

5. Quelle est la valeur probante de l'accord passé entre Meriem et son propriétaire ?

Le contrat de location est un contrat synallagmatique soumis à la formalité du double. Il doit être établi par écrit avec des mentions obligatoires. Il peut prendre la forme d'un acte sous signature privée ou d'un acte authentique. L'absence de cette formalité n'entraîne pas la nullité du contrat de location. L'acte unique pourra être utilisé comme commencement de preuve par écrit. Le commencement de preuve par écrit est un écrit qui émane de celui qui conteste et rend vraisemblable le fait allégué (C. civ., art. 1362). En cas de contestation par le propriétaire de Meriem, cela permet de passer à un système de preuve libre et de compléter cette preuve imparfaite par d'autres éléments de preuve imparfaits eux aussi pour établir la conviction du juge.

6. Quelle est la valeur probante de la commande passée par Clément sur support électronique ?

L'écrit électronique a la même force probante que l'écrit sur support papier sous réserve que puisse être identifiée la personne dont il émane, et qu'il soit établi et conservé dans des conditions de nature à en garantir l'intégrité. L'identification se fait par la signature électronique. Celle-ci consiste en l'usage d'un procédé fiable d'identification garantissant son lien avec l'acte auquel elle s'attache. La fiabilité de ce procédé est présumée jusqu'à preuve du contraire.

4 Résolution de cas pratiques : objet, charge et mode de preuve

Compétences attendues

- **Apprécier** la recevabilité et la force probante des moyens de preuve
- **Établir** sur qui pèse la charge de la preuve

Indiquez, dans les cas ci-après, l'objet de la preuve, la charge de la preuve et les modes de preuve utilisables.

	Objet de la preuve	Charge de la preuve	Modes de preuve utilisables
A	Vol de biens meublant le studio.	Propriétaire.	Tous moyens (fait juridique)
B	Livraison impayée	Le grossiste	Liberté de la preuve (entre commerçants)
C	Paiement	Mme Refil. C'est à celui qui se prétend libéré d'apporter la preuve de cette libération.	Le paiement est un fait juridique, il se prouve par tous moyens.
D	Défaillance de la chambre froide	M. Ibrahim	Tous moyens (contrat entre commerçants)

Préparer l'épreuve

5 Commentaire de document : la charge de la preuve

Compétence attendue

Établir sur qui pèse la charge de la preuve

1. Identifiez le problème juridique posé à la Cour de cassation dans cette affaire.

Le problème porte sur la charge de la preuve.

2. Expliquez comment la Cour de cassation a répondu à ce problème.

En l'espèce, un patient a subi une transfusion sanguine dans un centre régional de transfusion sanguine. Ce patient a démontré qu'il a été, par la suite, atteint d'une contamination virale et qu'il ne présentait aucun mode de contamination qui lui était propre. La Cour de cassation relève qu'il appartient au centre de transfusion de prouver que les produits sanguins qu'il a fournis sont exempts de vice

3. Après avoir rappelé les dispositions du Code civil concernant la charge de la preuve, vous les appliquerez au cas présent.

Principes juridiques. L'article 1353, al. 1er du Code civil dispose : « Celui qui réclame l'exécution d'une obligation doit la prouver. Réciproquement, celui qui se prétend libéré, doit justifier le payement ou le fait qui a produit l'extinction de l'obligation. »

La charge de la preuve revient donc au demandeur, c'est-à-dire celui qui formule la demande. Ensuite, la preuve doit aussi être rapportée par le défendeur. En effet, celui qui souhaite s'opposer aux prétentions de son adversaire doit apporter la preuve de ce qu'il avance.

Application. En l'espèce, le patient est le demandeur. Il a saisi la justice pour mettre en œuvre la responsabilité du centre de transfusion. À cette fin, il a démontré qu'il a été atteint par une contamination virale, qui ne lui est pas propre et qui fait suite à sa transfusion. Le centre de transfusion (le défendeur) qui s'oppose à son patient doit apporter la preuve que ses produits étaient exempts de vice.

6 Situation pratique : cas Laurence

Compétence attendue — **Identifier** les moyens de preuve

Commentez la situation de Laurence : est-elle en mesure d'établir que la vente du véhicule a bien eu lieu ?

Sur le syllogisme juridique, voir la fiche Rendez-vous Méthode n° 3 au début du manuel.

Quel est le régime de la preuve d'un acte juridique entre particuliers ?

Principes juridiques. La charge de la preuve appartient au demandeur. Les moyens de preuve utilisés doivent être loyaux et non attentatoires aux libertés. La preuve d'un acte juridique d'une valeur supérieure à 1 500 € doit être faite par un écrit préconstitué authentique ou sous signature privée. Ce principe admet des exceptions. Il en va ainsi lorsqu'il est impossible de prouver par écrit pour des raisons matérielles et/ou morales, la preuve peut être apportée par tous moyens. Un commencement de preuve par écrit peut être admis et complété par d'autres moyens comme le témoignage ou les présomptions. Pour qu'il y ait commencement de preuve par écrit, trois conditions sont nécessaires : un écrit, qui émane de la personne contre qui la demande est formulée, et qui rend vraisemblable le fait allégué.

Application. En l'espèce, Il appartient à Laurence, demandeur d'apporter la preuve. Aucun écrit préconstitué n'a été établi. L'échange par mail évoquant la dette de 4 000 € a les qualités de commencement de preuve par écrit. Il émane de David et rend vraisemblable la transaction entre Laurence et David. Laurence pourra compléter éventuellement par des témoignages ou des présomptions de fait. Il appartiendra au juge d'examiner ces éléments.

CHAPITRE 4 L'organisation judiciaire

Évaluer les savoirs

1 QCM

1. b, d. Les juridictions civiles et pénales sont des juridictions judiciaires.

2. a. Le tribunal judiciaire (TJ) est compétent pour toutes les affaires non expressément attribuées à une autre juridiction civile (dite d'exception). Il a par ailleurs des compétences exclusives (ex.: famille, brevet, bail commercial).

3. d. Certains litiges sont attribués à des juridictions dites d'exception (ex.: conseil de prud'hommes pour les litiges individuels du travail, tribunal de commerce pour les litiges entre commerçants)

4. b, c, d. Au tribunal de commerce, les juges sont des commerçants élus par leurs pairs. Au conseil de prud'hommes, les conseillers sont désignés pat les ministères de la justice et du travail sur proposition des organisations patronales et syndicales. En cour d'assises siègent aux côtés de trois juges professionnels, six jurés, citoyens tirés au sort sur les listes électorales.

5. a. Ce principe présente des exceptions notamment en matière pénale, immobilière, contractuelle et conflit du travail.

6. d. Pour intenter une action en justice, il faut être capable (capacité de jouissance et d'exercice), avoir un intérêt à agir (légitime, né et actuel, personnel et direct) et la qualité pour agir (un titre: créancier ou titulaire d'un droit).

7. a. Un jugement en premier ressort est susceptible d'appel. Un jugement en dernier ressort ne l'est pas. Ce sont, par exemple, les « petites affaires » dont le montant est inférieur à 5 000 € pour le tribunal judiciaire et le tribunal de commerce (4 000 € pour le conseil de prud'hommes).

8. a, b, d (c, exceptionnellement). Le rôle de la Cour de cassation est de vérifier la conformité des décisions des tribunaux et des cours aux règles de droit, et non à trancher sur le fond. Elle ne juge pas les faits du litige c'est pourquoi on dit qu'elle ne constitue pas un troisième degré de juridiction. La demande s'appelle un pourvoi. Celui-ci peut être rejeté (arrêt de rejet), ou le litige peut être renvoyé devant une juridiction de la même catégorie que la juridiction précédente (arrêt de renvoi). Depuis 2016, la Cour de cassation peut statuer au fond en matière civile lorsque l'intérêt d'une bonne administration de la justice le justifie. La Cour peut également être saisie « pour avis » par les juges du fond lorsqu'ils éprouvent des hésitations sur l'interprétation d'un nouveau texte.

2 Conflit de voisinage

Déterminez le tribunal qui aura à connaître de l'affaire.

- Compétence d'attribution: litige civil portant sur un immeuble : la juridiction compétente est le tribunal judiciaire.
- Compétence territoriale: en principe, le tribunal compétent est le tribunal dans le ressort duquel est situé le domicile du défendeur. En matière immobilière, on est en présence d'une exception au principe. La juridiction compétente est celle du lieu de l'immeuble, Toulouse.
- La juridiction compétente est donc le tribunal judiciaire de Toulouse.

Maîtriser les compétences

3 Analyse d'une décision du Conseil constitutionnel

Compétence attendue **Vérifier** le respect des principes directeurs du procès

1. Rappelez ce qu'est une question prioritaire de constitutionnalité (QPC).

La QPC est le droit reconnu à toute personne qui est partie à un procès ou une instance de soutenir qu'une disposition législative porte atteinte aux droits et libertés que la Constitution garantit.

2. Identifiez la disposition contestée.

La disposition contestée porte sur le prononcé du huis clos pour le jugement de certains crimes (viols, tortures et actes de barbarie accompagnés d'agressions sexuelles, traites des êtres humains ou proxénétisme aggravé) devant la cour d'assises.

3. Précisez les principes directeurs auxquels cette disposition porterait atteinte.

Cette disposition porterait atteinte aux principes du droit à un procès équitable, à la publicité des débats et à l'égalité de tous devant la justice. En effet, le prononcé du huis clos est de droit lorsque la partie civile ou l'une des victimes parties civiles le demande. Cette disposition rompt l'équilibre entre les parties prenantes au procès : la partie civile, l'accusé et le ministère public.
Selon le requérant, il est également porté atteinte au principe de la présomption d'innocence par la qualification de « victime » de la partie civile avant toute décision.

4. Analysez la décision du Conseil constitutionnel et montrez-en la portée.

Selon le Conseil constitutionnel, l'expression « le huis clos est de droit », pour les parties civiles qui le demandent, est conforme à la Constitution. Cette disposition relève de la volonté du législateur de renforcer la lutte contre la prostitution et accompagner les personnes concernées.

4 En litige

Compétences attendues

- **Distinguer** les différentes juridictions nationales et européennes et **déterminer** leurs compétences
- **Déterminer** la juridiction compétente dans un litige donné

Décryptage des compétences

En fonction d'un litige donné, le candidat doit être en mesure de déterminer la juridiction compétente matériellement et territorialement. Il devra aussi être capable de déterminer quelles juridictions européennes peuvent être saisies.

Dans les cas suivants, indiquez qui est demandeur, qui est défendeur, puis déterminez quel est le tribunal matériellement et territorialement compétent.

	Demandeur	Défendeur	Tribunal compétent
1	Société commerciale de Strasbourg	Société commerciale de Rouen	• Litige commercial • Tribunal de commerce de Rouen

	Demandeur	Défendeur	Tribunal compétent
2	Commission européenne	État polonais	• Litige européen • Cour de justice de l'Union européenne (CJUE)
3	Myriam Compte, salariée	La compagnie internationale du Bois, employeur	• Litige individuel du travail • Conseil de prud'hommes de Paris. • La salariée a le choix entre son lieu de travail, le siège de son employeur ou le lieu de son engagement. En l'espèce, c'est Paris dans les trois cas.
4	M. Roubier, industriel	la société machines-outils et industrielles Sasmo	• Litige commercial • Tribunal de commerce • M. Roubier a le choix entre Strasbourg (lieu du domicile du défendeur) ou Metz (lieu de livraison)
5	Citoyens	Mairie de Villeneuve	• Contestation du résultat des élections municipales • Conseil d'État (le Conseil constitutionnel veille à la régularité des élections présidentielles et législatives ainsi que les référendums)

5 Atelier Picture

Compétence attendue **Vérifier** les conditions de recevabilité de l'action en justice

Décryptage des compétences

L'étudiant doit être en mesure de vérifier dans une situation donnée si les conditions de recevabilité d'une action en justice (en droit interne) et les délais sont respectés.

Indiquez si les conditions sont réunies pour que M. Picture puisse agir en justice.

Quelles sont les conditions de recevabilité d'une action en justice ?

Principes juridiques. Trois conditions doivent être réunies pour agir en justice :

- Le demandeur doit avoir un intérêt à agir. Cet intérêt est légitime, il repose sur un droit. Il est actuel, personnel et direct.
- Le demandeur doit avoir la qualité pour agir, c'est-à-dire détenir un titre qui lui permet de défendre un droit.
- Le demandeur doit avoir la capacité d'agir. Il a la capacité de jouissance et la capacité d'exercice. Ce sera le cas d'une personne majeure et non frappée d'incapacité, et d'une personne morale par l'intermédiaire de ses représentants.

Le raisonnement se déroule en 3 étapes : la question générale de droit, l'exposé des règles, la résolution du cas

Application. En l'espèce, M. Picture a un intérêt à agir dans le but d'obtenir le paiement des sommes qui lui sont dues. Il est personnellement concerné et son préjudice est actuel. Il agit en qualité de créancier, il détient un droit de créance vis-à-vis de la municipalité. Enfin, il tient un magasin de photographie et n'est pas frappé d'incapacité. En conséquence, toutes les conditions sont réunies pour que M. Picture agisse en justice.

6 Commentaire de document : cas Titeuf

Ne pas hésiter à faire un schéma pour repérer les parties, leur lien juridique, les faits dans les situations pratiques et les analyses d'arrêts.

Compétences attendues

- **Déterminer** les voies de recours possibles dans une situation juridique donnée
- **Identifier** les rôles respectifs des magistrats du siège et du ministère public

1. Repérez les différents paragraphes et intitulez-les.

2. Repérez les points-virgules qui séparent les idées.

Pourvoi en cassation, litige civil

Arrêt n° 188 du 15 février 2012 (pourvois n° 10-27.512/11-19.963) – Cour de cassation, Première chambre civile

Faits / Décision de premier degré

Attendu, selon l'arrêt attaqué (Versailles, 7 octobre 2010), que M. Y... a déclaré vouloir prénommer son fils, né le 7 novembre 2009, Titeuf, Gregory, Léo ; **que** l'officier d'état civil a informé le procureur de la République que le choix du premier prénom, Titeuf, lui paraissait contraire à l'intérêt de l'enfant ; que, sur le fondement de l'article 57 du code civil, le parquet a fait assigner les parents afin de voir prononcer la suppression du prénom Titeuf ; **que**, par jugement du 1er juin 2010, le tribunal de grande instance de Pontoise, se fondant sur l'intérêt de l'enfant, a ordonné la suppression du prénom Titeuf de son acte de naissance et dit qu'il se prénommera Grégory, Léo ;

Demandeur au pourvoi / Décision de premier degré confirmée par la cour d'appel

Attendu que M. Y... et la mère de l'enfant, Mme Z..., font grief à l'arrêt de confirmer le jugement, alors, selon le moyen :

Arguments du pourvoi

1°/ que la contrariété à l'intérêt de l'enfant qui peut justifier que le prénom choisi par ses parents soit supprimé doit être appréciée de façon objective ; **qu**'en appréciant la conformité à l'intérêt de l'enfant du prénom Titeuf uniquement par référence à un personnage de bande dessinée dont la notoriété est nécessairement éphémère et limitée, dont elle relève au demeurant qu'il est « plutôt sympathique », et en se livrant à une analyse subjective des caractéristiques de ce personnage, sans se prononcer au regard de critères objectifs seuls à même de garantir le principe d'égalité devant la loi, la cour d'appel a violé l'article 57 du code civil, ensemble l'article 3 de la Convention de New York du 20 novembre 1989 et l'article 8 de la Convention européenne des droits de l'homme ;

2°/ que toute restriction à la liberté de choix du prénom de l'enfant par ses parents ne peut être justifiée que par l'intérêt de l'enfant ; qu'en jugeant que le prénom Titeuf n'était pas conforme à l'intérêt de l'enfant et en ordonnant sa suppression de l'acte de naissance, sans rechercher, ainsi qu'elle y était invitée, si le fait qu'au moins un autre enfant ait reçu ce prénom sans opposition du ministère public et que d'autres enfants aient reçu les prénoms d'autres personnages de bandes dessinées ou dessins animés n'était pas de nature à mettre en évidence que le choix du prénom litigieux ne portait pas atteinte à l'intérêt de l'enfant, la cour d'appel a privé sa décision de base légale au regard de l'article 57 du Code civil, ensemble l'article 3 de la Convention de New York du 20 novembre 1989 et l'article 8 de la Convention européenne des droits de l'homme ;

Motifs de la Cour de cassation

Mais attendu que c'est par une appréciation souveraine qu'en une décision motivée la cour d'appel a estimé qu'il était contraire à l'intérêt de l'enfant de le prénommer Titeuf ; **que** le moyen qui ne tend en réalité qu'à contester cette appréciation ne peut être accueilli ;

Décision de la Cour de cassation

PAR CES MOTIFS : REJETTE les pourvois

3. Schématisez parties en présence et résumez les faits.

Le Parquet Demandeur	M. Y et Mme Z Défendeur

M. Y et Mme Z ont donné le prénom de Titeuf à leur enfant. L'officier d'état civil a considéré que ce prénom était contraire à l'intérêt de l'enfant.

4. Expliquez pourquoi le procureur de la République est concerné.

Le ministère public requiert l'application du droit au nom du pouvoir exécutif et de l'intérêt général qu'il représente. En l'espèce, il défend les intérêts de l'enfant mineur.

5. Présentez la procédure antérieure en précisant, pour chaque instance, les parties et la décision.

Premier degré	Demandeur	Le parquet : Ministère public
	Défendeur	Les parents de l'enfant : M. Y et Mme Z
	Décision	TGI (devenu tribunal judiciaire) : suppression du prénom Titeuf de l'acte de naissance de l'enfant et attribution du prénom de Grégory
Cour d'appel	Appelant	Les parents de l'enfant : M. Y et Mme Z
	Intimé	Le parquet : ministère public
	Décision	Arrêt confirmatif
Cour de cassation	Demandeur	Les parents de l'enfant : M. Y et Mme Z
	Défendeur	Le parquet : ministère public

6. Identifiez le problème de droit que la Cour de cassation avait à examiner et précisez comment elle y a répondu.

Le problème porte sur la liberté des parents d'un enfant lors de l'attribution du prénom et sur l'appréciation de l'intérêt de l'enfant.

La Cour de cassation a confirmé la décision de la cour d'appel. L'attribution du prénom Titeuf est contraire à l'intérêt de l'enfant. Elle reprend les arguments de la cour d'appel qui a relevé que le prénom Titeuf est un personnage de bande dessinée au demeurant sympathique et dont les caractéristiques ont été analysées. Elle rappelle le principe de la liberté de choix du prénom de l'enfant par ses parents et la limite à ce principe qui est l'intérêt de l'enfant.

Préparer l'épreuve

7 Situation pratique : cas Charlène

Compétences attendues

- **Vérifier** les conditions de recevabilité de l'action en justice
- **Déterminer** la juridiction compétente dans un litige donné
- **Déterminer** les voies de recours possibles dans une situation juridique donnée

1. Charlène peut-elle agir en justice contre son employeur ?

Quelles sont les conditions de recevabilité d'une action en justice ?

Principes juridiques. Trois conditions doivent être réunies pour agir en justice :

- Le demandeur doit avoir un intérêt à agir. Cet intérêt est légitime, il repose sur un droit. Il est actuel, personnel et direct.
- Le demandeur doit avoir la qualité pour agir, détenir un titre qui lui permet de défendre un droit.
- Le demandeur doit avoir la capacité d'agir. Il a la capacité de jouissance et la capacité d'exercice. Ce sera le cas d'une personne majeure et non frappée d'incapacité, et d'une personne morale.

Application. En l'espèce, Charlène a un intérêt à agir eu égard aux reproches qui lui sont faits dans l'exercice de son travail. Elle est personnellement concernée. En revanche, la décision de la licencier ne lui a pas été notifiée, elle ne fait que le supposer et ne connaît pas l'issue de l'entretien préalable. Elle agit en qualité de salariée. Enfin, elle travaille et aucun élément ne laisse supposer qu'elle est frappée d'incapacité. En conséquence, Charlène doit attendre le déroulement de l'entretien afin de déterminer la légitimité de son action en justice.

2. Quelle sera la juridiction compétente ?

Comment est déterminée la juridiction compétente dans un litige donné ?

Principes juridiques. Pour déterminer la compétence d'un tribunal il faut déterminer la compétence matérielle (ou d'attribution) et la compétence territoriale. La compétence matérielle est l'aptitude d'un tribunal à juger une affaire. Elle est fonction de la nature du litige, de sa valeur et du degré de juridiction. Un litige entre un salarié et un employeur est de la compétence d'un conseil de prud'hommes.

La compétence territoriale détermine la juridiction géographiquement compétente. Le tribunal compétent est celui du domicile du défendeur sauf exception ou disposition contraire. En matière de contrat de travail, le tribunal compétent est celui du lieu de travail. Le salarié peut également choisir le lieu de l'engagement ou du siège de l'employeur.

Application. En l'espèce, Charlène pourra saisir le conseil de prud'hommes de Lille ou le lieu de son engagement, ou encore celui du siège de son employeur.

3. Si Charlène n'avait pas gain de cause, que pourrait-elle faire ?

Quelles sont les voies de recours possibles dans une situation juridique donnée ?

Principes juridiques. Les parties au procès ont la faculté de demander un nouvel examen du litige. Une décision rendue en premier degré est susceptible d'appel (sauf disposition contraire ou montant du litige inférieur à 4 000 €).

Application. En l'espèce, selon le montant des indemnités réclamées Charlène pourra si elle n'est pas satisfaite de la décision de premier degré interjeter appel devant la cour d'appel. Le litige sera examiné par la chambre sociale de la cour d'appel.

8 Commentaire de document : Beghin Say

Compétences attendues

- **Déterminer** les voies de recours possibles dans une situation juridique donnée
- **Identifier** les rôles respectifs des magistrats du siège et du ministère public

1. Rappelez les faits.

La société Tereos, exploitant la marque Beghin Say, a fait figurer, sans son autorisation, sur des emballages de morceaux de sucre, une photographie de Mme X.

2. Identifiez la procédure antérieure.

Mme X a intenté une action en justice pour atteinte portée à son droit sur son image. La cour d'appel a débouté Mme X de sa demande. Elle a constaté que :

- la taille de l'image était trop petite ;
- la photographie n'était représentée que sur une face du morceau de sucre ;
- la définition de l'image était mauvaise.

3. Exposez le problème juridique.

Quand l'atteinte à l'image est-elle constituée ?

4. Analysez la décision de la Cour de cassation.

Principes juridiques. La Cour de cassation a rejeté le moyen du pourvoi. Elle a considéré qu'à partir de ces constatations et appréciations souveraines, la cour d'appel avait pu retenir qu'aucune atteinte à l'image n'avait été constituée. Cette décision accrédite l'idée qu'une atteinte insignifiante n'est pas fautive. Ici, on ne reconnaissait pas la personne et, par conséquent, son droit à l'image n'était pas atteint.

Une personne peut prétendre faire respecter son droit à l'image si elle est identifiable et qu'est mise en cause sa vie privée. Par ailleurs, ce droit disparaît si la reproduction de l'image a été autorisée ou justifiée par les nécessités de l'information, sauf si elle porte atteinte à la dignité de la personne.

Application. En l'espèce, on constate que la personne s'est identifiée, qu'elle n'a pas donné son autorisation et que la reproduction de son image n'est pas justifiée par les nécessités de l'information. En revanche, cette image a été prise alors que la personne donnait un spectacle de danse à l'occasion d'une campagne commerciale dite « Année du Brésil ». *In fine*, il semble difficile d'approuver la décision de la Cour de cassation.

5. Conseillez Sophie sur une possible action en justice de sa cliente à l'encontre du Club océanique de gym.

Sophie peut poursuivre le club de sport pour atteinte à son image. Elle ne pourra en revanche obtenir réparation que si la photo reproduite permet de l'identifier.

CHAPITRE 5

Les modes alternatifs de règlement des différends (MARD)

Évaluer les savoirs

1 Quiz

1. Faux. Le médiateur intervient sous le contrôle du juge si la médiation est judiciaire. La médiation conventionnelle est initiée par les parties elles-mêmes, soit parce qu'elle a été prévue au sein d'un contrat (clause de médiation), soit parce qu'elle a été décidée d'un commun accord par les parties, postérieurement à la survenance du litige.

2. Vrai. Les parties peuvent se concilier d'elles-mêmes ou à l'initiative du juge. Une conciliation gratuite est obligatoire pour les litiges d'une valeur inférieure à 4 000 €. La conciliation est obligatoire devant le conseil de prud'hommes. Un conciliateur de justice peut être nommé par le juge.

3. Faux. Le conciliateur a pour mission d'amener les parties à trouver un accord. Il ne règle pas le litige.

4. Vrai. Lorsque le conciliateur est un conciliateur de justice, l'accord de conciliation peut être consigné dans un procès-verbal qui a valeur de titre exécutoire et autorise donc le recours aux procédures d'exécution forcée. Sinon un constat est établi et peut être soumis à l'homologation du juge.

5. Vrai. La conciliation est un principe de la procédure civile. Le juge a mission tout au long de l'instance de concilier les parties.

6. Faux. La médiation pénale n'est possible que pour les petites infractions. Elle peut intervenir à n'importe quel stade de la procédure.

7. Vrai. Les parties peuvent décider de soumettre le rapport du médiateur à l'homologation du juge qui lui donne force exécutoire.

8. Vrai. Seul l'arbitrage est un mode alternatif de résolution des différents juridictionnels. L'arbitre est un juge privé.

9. Vrai. L'arbitre prononce une sentence arbitrale motivée dans laquelle il expose les prétentions des parties, leurs moyens et la décision.

10. Vrai. La sentence a autorité de la chose jugée mais elle n'a pas force exécutoire. Le juge du tribunal judiciaire devra être saisi pour donner force exécutoire à la sentence.

11. Vrai. La sentence arbitrale est susceptible d'appel sauf volonté des parties de renoncer à cette faculté.

12. Faux. La désignation d'un arbitre dans un contrat est une clause compromissoire. Celle-ci précise le nom de l'arbitre ou son mode de désignation.

2 Biz Business

Selon vous, les règles de la procédure d'arbitrage ont-elles été respectées ? Pourquoi ?

Principes juridiques. Les arbitres, toujours en nombre impair, sont des personnes physiques désignées par les parties. Ils sont tenus à une obligation de confidentialité et au devoir de réserve. Ils jouissent de leurs droits civils. L'arbitre doit être indépendant à l'égard de chacune des parties et des autres membres du tribunal arbitral, à défaut il peut être récusé.

La sentence arbitrale n'est pas susceptible d'appel sauf volonté contraire des parties.

Application. En l'espèce, la sentence arbitrale peut être contestée en l'absence d'indépendance de deux des arbitres. Par ailleurs, pour faire appel de la sentence arbitrale il eût fallu que les deux parties soient d'accord.

Maîtriser les compétences

3 Recours en tous genres

Compétence attendue | **Distinguer** les effets de chacun des MARD

Décryptage des compétences

Le candidat devra :

- différencier la conciliation de la médiation, expliciter selon quels mécanismes peut-on y recourir et quelles sont les issues possibles : accord avec ou sans homologation du juge, force exécutoire en cas d'homologation, les suites en cas d'échec ;
- apprécier les effets de la conciliation et de la médiation en termes de délai de prescription.

Pour chaque situation ci-après, précisez le cas de recours ainsi que ses effets.

1. Un transporteur routier a sous-traité un contrat de transport à l'un de ses concurrents. La marchandise est arrivée abîmée chez le client. M. Leleu a été choisi par les deux transporteurs routiers en conflit pour trancher ce dernier.

Il s'agit d'une **conciliation conventionnelle.** Un constat d'accord sera signé par les parties si l'une d'entre elles renonce à un droit. Les délais de prescription sont suspendus pendant la période de conciliation. En cas d'échec, une saisine de la justice est possible.

2. Un conflit oppose les chauffeurs routiers et les pouvoirs publics à propos du prix du carburant. Une personne a été nommée par le juge pour trouver un accord.

Il s'agit d'une **médiation judiciaire.** Le juge a le contrôle de la médiation et il n'est pas dessaisi. Le médiateur informe le juge de l'issue de la médiation. En cas d'accord, celui-ci peut être soumis à l'homologation du juge qui lui donnera force exécutoire.

3. Mme Bulot travaille dans la société IPC comme chef comptable depuis plus de vingt ans. La société est rachetée par un groupe suisse et envisage modifier les fonctions de Mme Bulot. Mme Bulot et son nouvel employeur décident de recourir à un avocat pour trancher le litige.

Il s'agit d'une **convention de procédure participative** (CPP). La CPP permet aux parties de rédiger une convention de résolution amiable de leur différend, avec un avocat commun ou deux avocats distincts.

4. Le juge a convoqué les époux Dubos, qui envisagent de divorcer, afin de trouver un règlement amiable.

Il s'agit d'une **conciliation judiciaire**. Le conciliateur est désigné par le juge qui fixe la durée de sa mission. En cas d'accord, un procès-verbal est rédigé, signé par les parties et le juge. C'est un titre exécutoire. En l'absence d'accord, un constat est signé par les parties et le conciliateur de justice qui peut être soumis à l'homologation du juge.

5. Deux voisins ont un différend à propos des distances qui doivent séparer leurs terrains respectifs et la hauteur des plantations. L'un d'entre eux est plutôt raisonnable et propose, pour éviter les coûts et les délais d'un recours à la justice, d'essayer de régler leur différend à l'amiable à l'aide d'un tiers.

Il s'agit d'une **conciliation conventionnelle**. À l'issue de la conciliation, les parties rédigeront un constat d'accord si l'une d'entre elles renonce à un droit. En cette occurrence par exemple, l'abandon d'une partie de son terrain au profit de son voisin qui y fera des plantations.

6. M. Leblond s'est disputé violemment avec son supérieur, M. Lenoir. Un salarié de l'entreprise a dû intervenir pour séparer les protagonistes. La direction décide de sanctionner M. Lenoir. Celui-ci ne veut pas en rester là et veut que justice lui soit rendue. M. Lenoir tient absolument à ce qu'une décision juridictionnelle soit rendue.

La volonté de recourir à une décision juridictionnelle de M. Lenoir présente comme solution le recours à un tribunal ou à l'arbitrage. Le **recours judiciaire**, en cette occurrence est le conseil de prud'hommes, compétent pour les litiges individuels du travail. Le procès débutera par une conciliation. L'arbitre est un juge privé, il est compétent lors des relations entre particuliers. En droit du travail, la compétence du conseil de prud'hommes est d'ordre public. Les parties ne peuvent pas recourir à l'arbitrage.

7. Dans un contrat de vente conclu entre les établissements Deboffe, vendeur de matériel de jardinage, et la société Rent A Truck, loueur de véhicules professionnels, une clause prévoit le recours à un tiers en cas de litige portant sur l'exécution dudit contrat.

Il s'agit d'une clause compromissoire prévoyant le recours à un arbitre. Pour être valide, cette clause doit préciser le nom de l'arbitre ou son mode de désignation.

4 LIBRA, ou la procédure d'arbitrage

Compétence attendue — **Justifier** l'exigence du recours aux MARD avant toute procédure contentieuse

Décryptage des compétences

Le candidat doit identifier dans quels cas les MARD sont rendus obligatoires en matière civile.

1. Donnez une définition de l'arbitrage.

L'arbitrage est un mode alternatif de règlement des différends. C'est un mode conventionnel et juridictionnel. Les parties décident de renoncer aux tribunaux étatiques et choisissent de faire trancher leur litige par une personne privée : un arbitre ou un tribunal arbitral.

2. Précisez les modalités de la procédure d'arbitrage.

Domaine	En matière commerciale et civile pour des motifs professionnels
Objectif	• Juger en droit et en équité
Organe	Arbitre choisi par les parties
Décision et nature juridique	• Sentence arbitrale • Autorité de la chose jugée • Force exécutoire conférée par le juge

3. Présentez, dans le cas de LIBRA, les avantages et les inconvénients de l'arbitrage.

- Les avantages de l'arbitrage : la rapidité, la flexibilité, la confidentialité, le choix d'un arbitre aux compétences techniques spécifiques en lien avec le différend.
- Les inconvénients de l'arbitrage : le coût (l'arbitre et éventuellement les avocats), l'absence de force exécutoire (l'arbitre ne peut pas contraindre les parties qui refusent d'appliquer la décision), le non-accès aux éléments détenus par la partie adverse (contrairement à la procédure judiciaire).

Préparer l'épreuve

5 Commentaire de document : Michel Ledoux contre IMMO

Compétence attendue — **Justifier** l'exigence du recours aux MARD avant toute procédure contentieuse

1. Qualifiez le document.

Le document est un procès-verbal de conciliation devant le conseil de prud'hommes de Rouen.

2. Quelles sont les parties en présence et leur qualité?

Sont en litige M. Ledoux, salarié de la société IMMO, et son employeur.

3. Précisez à quel moment un tel document est dressé ainsi que son caractère obligatoire ou non.

Ce document est dressé à l'issue de la conciliation des parties en litige. Celle-ci est obligatoire devant le conseil de prud'hommes avant le jugement.

4. Identifiez et justifiez les obligations auxquelles les parties se soumettent par la signature de ce document.

Par la signature de ce procès-verbal, la société IMMO s'est engagée à payer la somme de 2700 € à M. Michel Ledoux à titre d'indemnité forfaitaire transactionnelle. Le paiement a été effectué immédiatement par la remise d'un chèque bancaire. M. Ledoux s'engage à renoncer à toute réclamation à l'encontre de la société IMMO concernant le contrat de travail. Les parties se sont engagées à la confidentialité des débats et renoncent à toute action. Ces obligations se justifient par le caractère confidentiel de la conciliation qui s'impose aux parties, et l'accord consigné met fin au litige et a valeur de titre exécutoire.

6 Situation pratique : cas Carlo

Compétences attendues

- **Distinguer** les effets de chacun des MARD
- **Montrer** les spécificités de l'arbitrage comme mode de résolution des conflits

Décryptage des compétences

Concernant l'arbitrage, l'étudiant doit en analyser les spécificités.

1. Présentez à la société Terabo les avantages que pourrait présenter le recours à l'arbitrage par compromis.

Principes juridiques. L'arbitrage est un procédé par lequel des parties décident de s'en remettre à un arbitre pour trancher le litige qui les oppose.

Application. En l'espèce, le recours à l'arbitrage évitera les délais de recours devant un tribunal et préservera la confidentialité du litige en particulier vis-à-vis des clients ou futurs clients de la société Térabo.

2. Proposez une rédaction du compromis.

Entre les soussignés(e)s :

M. Carlo, restaurateur 12 place d'Italie à Versailles

ET

La société Terabo, 44 rue des graviers à Versailles, représentée par M. Pierre Terabo, directeur

Il a été préalablement exposé ce qui suit :

Les parties sont en litige portant sur l'exécution d'un contrat portant sur la réalisation d'une terrasse 12 place Terabo à Versailles. Le devis a été accepté en date du 20 décembre N–1 et un acompte de 20 % a été versé. Les travaux ont commencé le 15 janvier N, puis ils ont été abandonnés.

En conséquence, les parties sont convenues par le présent compromis d'arbitrage de soumettre ce litige à l'arbitrage et désignent comme arbitre Mme Deale, que lesdites parties déclarent connaître et accepter.

Fait en trois exemplaires

À Versailles, le 30 mars N,

M. Carlo — P. Terabo

1 Situations pratiques

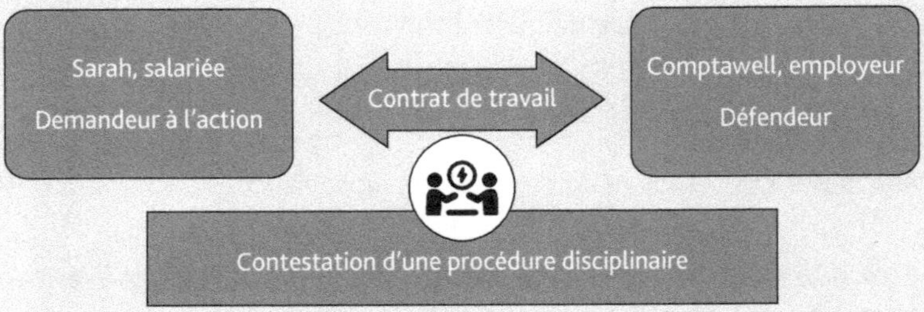

1. Déterminez si Sarah peut agir en justice contre son employeur.

Quelles sont les conditions de l'action en justice ?

Principes juridiques. Trois conditions doivent être réunies pour agir en justice

Le demandeur doit avoir un intérêt à agir. Cet intérêt est légitime, il repose sur un droit. Il est actuel, personnel et direct.

Le demandeur doit avoir la qualité pour agir, détenir un titre qui lui permet de défendre un droit.

Le demandeur doit avoir la capacité d'agir. Il a la capacité de jouissance et la capacité d'exercice. Ce sera le cas d'une personne majeure et non frappée d'incapacité et d'une personne morale.

Application. En l'espèce, Sarah est majeure, elle a qualité pour agir au titre de son statut de salarié. Elle a un intérêt à agir en vue de contester la procédure disciplinaire. Cet intérêt est personnel et direct. Sarah remplit toutes les conditions pour agir en justice.

2. Identifiez le tribunal compétent.

Comment la juridiction compétente est-elle déterminée dans un litige donné ?

Principes juridiques. Pour déterminer la compétence d'un tribunal il faut déterminer la compétence matérielle (ou d'attribution) et la compétence territoriale. La compétence matérielle est l'aptitude d'un tribunal à juger une affaire. Elle est fonction de la nature du litige, de sa valeur et du degré de juridiction. Un litige entre un salarié et un employeur est de la compétence d'un conseil de prud'hommes.

La compétence territoriale détermine la juridiction géographiquement compétente. Le tribunal compétent est celui du domicile du défendeur sauf exception ou disposition contraire. En matière de contrat de travail, le tribunal compétent est celui du lieu de travail. Le salarié peut également choisir le lieu de l'engagement ou du siège de l'employeur.

Application. En l'espèce, Sarah pourra saisir le conseil de prud'hommes du lieu de son travail ou de son engagement, ou encore celui du siège de son employeur.

3. Précisez, dans l'hypothèse où elle n'aurait pas gain de cause, ce que Sarah pourrait faire.

Quelles sont les voies de recours possibles dans une situation juridique donnée ?

Principes juridiques. Les parties au procès ont la faculté de demander un nouvel examen du litige. Une décision rendue en premier degré est susceptible d'appel sauf si le jugement a été rendu en premier et dernier ressort ou si le montant du litige est inférieur à 4 000 €. Lorsque l'appel est impossible, le jugement peut être contesté par la voie du pourvoi en cassation.

Application. En l'espèce, selon le montant des indemnités réclamées Charlène pourra si elle n'est pas satisfaite de la décision de premier degré interjeter appel devant la cour d'appel. Le litige sera examiné par la chambre sociale de la cour d'appel.

4. Identifiez le tribunal compétent.

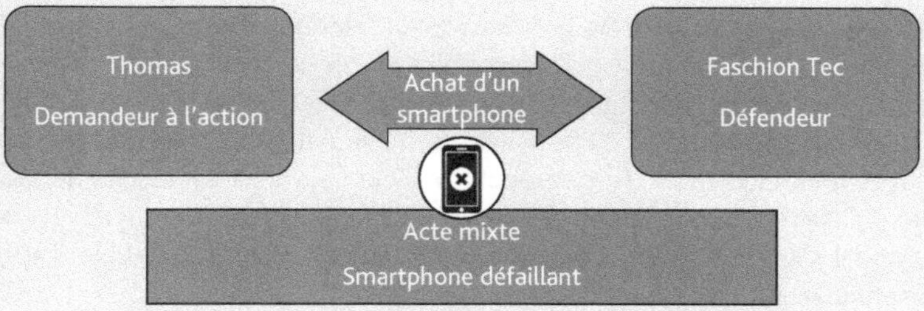

Comment est déterminée la juridiction compétente dans un litige donné ?

Principes juridiques. Pour déterminer la compétence d'un tribunal il faut déterminer la compétence matérielle (ou d'attribution) et la compétence territoriale. La compétence d'attribution est l'aptitude d'un tribunal à juger une affaire. Elle est fonction de la nature du litige, de sa valeur et du degré de juridiction. Un acte mixte est conclu entre un commerçant et un non-commerçant. En cas de recours judiciaire, si le demandeur est le commerçant il porte le litige devant les tribunaux civils, si le demandeur est le non commerçant il a une option de juridiction civile ou commerciale.

La compétence territoriale détermine la juridiction géographiquement compétente. Le tribunal compétent est celui du domicile du défendeur sauf exception ou disposition contraire. En matière de contrat le tribunal compétent est celui du domicile du défendeur ou du lieu de livraison/prestation, à la convenance du demandeur.

Application. En l'espèce, Thomas, demandeur a le choix entre le tribunal judiciaire ou le tribunal de commerce de Troyes. Troyes est le lieu du domicile de Fashion Tech (sauf à avoir son siège social dans un autre lieu) et le lieu de livraison.

5. Expliquez comment Thomas pourrait apporter la preuve de son achat.

Quelles sont les règles d'admissibilité de la preuve contre un commerçant ?

Principes juridiques. La preuve contre un commerçant applique la règle de la liberté. Les actes peuvent se prouver par tous moyens : écrit, témoignage, présomption de fait.

Application. En l'espèce, Thomas pourra apporter la preuve de son achat par son ticket de caisse, sa facturette de paiement s'il a payé par carte, des témoignages, l'emballage à la marque du commerçant…

2 Note

Vous êtes chargé(e) de rédiger cette clause. Il vous est demandé de présenter, dans une note de dix lignes maximum, la procédure d'arbitrage.

L'arbitrage est un procédé par lequel des parties décident de ne pas recourir aux tribunaux étatiques et choisissent de faire trancher un litige par une personne privée (un particulier ou un organisme) : un arbitre ou un tribunal arbitral. L'arbitrage naît d'une clause compromissoire ou d'un compromis.

La note est ici volontairement plus détaillée que ce qui est attendu à l'examen

La clause compromissoire peut être rédigée comme suit :

« Toute contestation survenant à l'occasion du présent contrat sera résolue par le recours à l'arbitrage. L'arbitre sera choisi par les parties dans une liste proposée par la chambre de commerce et d'industrie de l'Aube. »

L'arbitre reçoit mission de trancher le litige : mission qu'il doit mener à terme. Sa mission est limitée à 6 mois, à compter de la saisine (sauf fixation d'un délai dans la convention d'arbitrage). Il applique les principes fondamentaux de la procédure : loyauté et équité. La procédure est confidentielle. Le jugement de l'arbitre est une sentence arbitrale motivée dans laquelle il expose les prétentions des parties, leurs moyens. La sentence a autorité de la chose jugée mais elle n'a pas force exécutoire. Pour cela il est nécessaire de saisir le juge du tribunal judiciaire pour donner force exécutoire à la sentence. La sentence n'est pas susceptible d'appel sauf volonté contraire des parties. Il est toutefois possible d'effectuer un recours en annulation.

3 Commentaire de document

NOTRE CONSEIL

Commencez par une lecture physique de l'arrêt : repérez les paragraphes, et la ponctuation Afin de ne pas paraphraser l'arrêt, vous devez vous l'approprier en le lisant plusieurs fois, en le balisant et en analysant chaque partie.

À l'aide de vos connaissances et du dossier documentaire, vous répondrez à la question suivante : « Le SMS est-il recevable comme moyen de preuve au même titre que l'écrit ? »

- Analyse de l'arrêt de la Cour de cassation

Quels sont les faits ?

Mme X a été licenciée pour faute grave par son employeur qui a découvert un enregistrement de conversations recueillies dans l'entreprise sur un dictaphone personnel, en l'absence de la salariée, lequel a été effacé.

Quel est le problème juridique ?

Le problème porte sur l'administration de la preuve.

Quelle est la décision de la Cour de cassation et quels en sont les motifs ?

La Cour de cassation, se fondant sur les principes d'équité et de loyauté, a considéré que l'employeur ne pouvait pas présenter une preuve contre laquelle la salariée pouvait apporter contradiction puisque cette preuve avait été recueillie en son absence et qu'elle n'avait pas pu être présentée parce qu'effacée.

- Rédaction de la réponse à la question

L'employeur de Léa ne pourra pas utiliser, à l'appui des reproches qu'il formule à son encontre, l'existence d'enregistrements sur un dictaphone personnel, enregistrements qu'il a recueillis en l'absence de Léa et qu'il a effacés.

CHAPITRE 6 Les personnes

Évaluer les savoirs

1 QCM

1. c. Les personnes physiques et les personnes morales ont la personnalité juridique.

2. c. La capacité de jouissance et la capacité d'exercice composent la capacité juridique d'une personne.

3. b. La mise en œuvre des droits est effectuée par la personne elle-même ou son représentant (ex. : le tuteur d'un majeur en tutelle, le gérant d'une société).

4. a, b, c, d. L'incapacité d'exercice est le fait de ne pas mettre en œuvre des droits, ainsi le commerçant condamné peut se voir retirer l'autorisation d'exercer cette profession, une personne en tutelle sera représentée par un tuteur, il en sera de même pour un mineur, et la capacité d'exercice une société d'édition (personne morale) est déterminée en application du principe de spécialité, (par son objet social).

5. b. Le mineur est frappé d'incapacité d'exercice. Il est représenté pour l'exercice de ses droits par son tuteur légal. Il peut toutefois être associé à certaines décisions le concernant.

6. b. La tutelle est une mesure de représentation continue d'un majeur dans la vie civile.

7. c, d. Un majeur sous curatelle peut faire seul des actes conservatoires et d'administration. En revanche, les actes de disposition sont réalisés avec le curateur. Il faut toutefois se référer à l'ordonnance du juge des contentieux de la protection qui détermine le champ de la capacité du majeur. Le majeur en curatelle réalise seul les actes très personnels.

8. a. Un majeur sous sauvegarde de justice conserve l'exercice de ses droits. Il n'est pas incapable. Un mandataire spécial peut toutefois être désigné.

9. c, d. Les actes passés par un majeur sous sauvegarde de justice peuvent faire l'objet d'une action en rescision pour lésion ou en réduction pour excès.

2 Nicolas et Astrid

1. Précisez si Nicolas peut effectuer les actes suivants.

Il convient, au préalable, de rappeler le régime juridique de la curatelle : le majeur sous curatelle est assisté dans les actes importants de la vie civile. Il réalise seul les actes à caractère personnel, les actes conservatoires et d'administration. Il est assisté par son curateur pour les actes de disposition.

a. prendre un abonnement de transport urbain pour se rendre à son travail : Nicolas peut effectuer cet acte seul.

b. retirer 15 000 € sur son livret de caisse d'épargne : Nicolas ne peut pas effectuer cet acte seul.

c. déménager : Nicolas peut effectuer cet acte seul.

d. acheter une maison : Nicolas ne peut pas effectuer cet acte seul.

e. faire un testament : Nicolas peut effectuer cet acte seul.

2. Précisez si Astrid peut accomplir les actes suivants.

Rappel du régime de la tutelle : le majeur sous tutelle est représenté de manière continue dans la vie civile. Il prend seul les décisions relatives à sa personne dans la mesure où son état le permet. Les autres actes sont effectués par son tuteur soit sans autorisation, soit avec autorisation du conseil de famille ou à défaut le juge des contentieux de la protection.

a. Signer un contrat de travail avec Danièle, femme de ménage : non.
b. Acheter une place de cinéma : oui.
d. Contracter un emprunt pour s'acheter une voiture : non.
e. Louer son appartement : non.
f. Vendre sa maison : non.
g. Se pacser avec Eugène, âgé de 98 ans : oui, dans la mesure où son état le permet.

Maîtriser les compétences

3 La société MSFood Services

Compétences attendues

- **Justifier** l'existence d'une personne juridique
- **Identifier** et caractériser les attributs de la personnalité juridique

Décryptage des compétences

Le candidat devra au regard d'une situation vérifier la naissance ou la fin de la personnalité juridique. Cette vérification peut donner lieu à mesurer les effets quant aux droits et obligations découlant de l'existence de cette personnalité juridique.

1. Justifiez la création d'une personne morale dans le cas de la société MSFood Services.

Principes juridiques. La société est une personne morale à but lucratif. C'est un groupement de personnes auquel la loi a attribué la personnalité juridique. Elle a un patrimoine distinct de celui de ses membres et une capacité juridique.

Application. En l'espèce, la société MSFood Services pourra ainsi conclure des contrats, défendre ses droits, gérer ses biens…, tout exercice de droits et obligations permettant la réalisation de son objet.

2. Repérez les éléments d'identification de la société.

Principes juridiques. Toute société a un nom, un domicile ou siège social et une nationalité.

Application. La société a un nom (MSFood Services), un domicile ou siège social (2 rue Mabillon, 75006 Paris) et la nationalité française qui est celle de son siège social (Paris).

3. Determinez quand la personnalité juridique a été attribuée à MSFood Services.

Principes juridiques. Une personne morale acquiert la personnalité juridique à la suite des formalités requises par la loi.

Application. La société MSFood Services existe du fait de son immatriculation au registre du commerce et des sociétés de Paris et de la publication de l'avis présenté dans le journal *Les petites affiches*, JAL (journal d'annonces légales).

4. Précisez la capacité de jouissance de la société MSFood Services.

Principes juridiques. La capacité de jouissance d'une personne morale est fonction de la nature de la personne morale (ex: société, association) et elle est limitée par la règle de spécialité, c'est-à-dire son objet.

Application. La société MSFood Services a pour objet: «Toutes activités liées à la production de contenus, notamment liés aux métiers de l'image culinaire, à destination des réseaux sociaux; la création ou l'exploitation de tout fonds ou établissement de cette nature, la prise de participation dans tous secteurs d'activité relevant de l'économie sociale et solidaire». Elle pourra agir dans le cadre de cette activité.

5. Identifiez la personne qui pourra agir au nom de la société.

Principes juridiques. La capacité d'exercice de la personne morale est détenue par ses organes représentatifs qui agissent pour le compte de la personne morale.

Application. En l'espèce, Mathilde Rouxeau de l'Écotais a pouvoir pour agir au nom de MSFood Services.

4 Augustin & Co.

Compétence attendue — **Justifier** l'existence d'une personne physique

1. Justifiez la création d'une association dans ce contexte.

Principes juridiques. Une association est une personne morale à but non lucratif. C'est un groupement de personnes auquel la loi a attribué la personnalité juridique. Toutes les associations n'ont pas la capacité juridique.

Application. En l'espèce, la création de l'association des élèves de DCG pourra permettre de conclure des contrats, défendre les droits de l'association, recevoir de l'argent, détenir un compte bancaire.

2. Attribuez à l'association ses éléments d'identification.

L'association aura un nom (les étudiants sont libres de choisir le nom (sans porter atteinte aux droits d'autrui et à l'ordre public), un domicile ou siège (choisi ailleurs qu'au lycée) et la nationalité française attribuée par la situation de son siège.

3. Quel type d'association est adapté à ce projet?

Principes juridiques. Toutes les associations n'ont pas la même capacité de jouissance:

- les associations non déclarées n'ont pas de personnalité et donc pas de capacité juridique;
- les associations déclarées par leurs fondateurs ont la petite personnalité juridique, ce qui leur permet d'agir en justice, de recevoir des dons manuels, d'acquérir à titre onéreux des locaux et les immeubles strictement nécessaires à leur but, de posséder et d'administrer les cotisations de leurs membres;
- les associations reconnues d'utilité publique par décret du Conseil d'État ont la grande personnalité juridique et une capacité étendue. Elles peuvent recevoir des dons et legs sans restrictions.

Application. En l'espèce, une association déclarée permettra la réalisation du projet des étudiants.

4. Quelle sera la capacité de jouissance de l'association?

Principes juridiques. La capacité de jouissance d'une personne morale est fonction de sa nature et est limitée par la règle de spécialité c'est-à-dire son objet.

Application. En l'espèce, l'association a un but strictement non lucratif. La rédaction de son objet délimite le champ de sa capacité de jouissance.

5. Comment les droits de l'association seront-ils exercés ?

Principes juridiques. La capacité d'exercice d'une personne morale est détenue par ses organes représentatifs qui agissent pour le compte de la personne morale.

Application. En l'espèce, le président de l'association détiendra la capacité d'exercer les droits de l'association.

6. Si Augustin est nommé président de l'association, pourra-t-il effectuer les actes suivants ?

Les actes effectués par Augustin le seront dans le double cadre de la finalité non lucrative et de l'objet de l'association :

a. contracter une assurance en responsabilité civile. Oui, celle-ci est nécessaire au fonctionnement de l'association notamment dans le cadre de l'organisation des soirées étudiantes et du séminaire de révision.

b. acheter des tee-shirts et les revendre. Oui si le produit de la vente profite à l'ensemble des adhérents, par exemple. La limite à cette opération est l'absence de paracommercialisme. Ces opérations commerciales doivent donc être prévues par les statuts.

c. effectuer des placements financiers. Oui si les revenus tirés de ces placements profitent à l'ensemble des adhérents et servent à l'objet de l'association.

d. acheter et revendre du beaujolais. Oui si le produit de la vente profite à l'ensemble des adhérents. La limite à cette opération est l'absence de paracommercialisme. Ces opérations commerciales doivent donc être prévues par les statuts.

e. organiser un voyage d'études. Oui, cela rentre dans son objet.

5 Cas Quentin

Compétence attendue

Analyser la capacité d'une personne à accomplir un acte juridique

Décryptage des compétences

Dans les régimes d'incapacité, le candidat doit être en mesure de distinguer l'incapacité de jouissance et d'exercice. La distinction entre les actes conservatoires, d'administration et de disposition permettra au candidat de les comparer et d'apprécier les régimes d'incapacité des majeurs et de choisir celui qui serait le plus adapté à un état précis de la personne.

Après avoir qualifié les actes suivants, précisez s'ils peuvent être réalisés par Quentin :

- vente d'un appartement ; acte de disposition : non.
- location d'un véhicule ; acte d'administration : non.
- demande de changement de nom ; acte très personnel.
- location d'un immeuble ; acte d'administration : non.
- contrat de travail ; acte personnel : oui.
- consentement au mariage ; acte personnel.
- achat d'un véhicule ; acte de disposition : non.
- demande de nationalité ; acte personnel.
- reconnaissance d'un enfant ; acte personnel.
- souscription d'un abonnement téléphonique ; acte de disposition : non.

6 Le grand-père de Stéphane

Compétence attendue **Identifier** un régime de protection adapté à la situation d'un majeur dans une situation donnée

Décryptage des compétences

Le candidat doit être en mesure d'apprécier le régime de protection adapté et d'analyser les conséquences de l'application de ce régime.

1. Quelle est la procédure à suivre pour placer Aimé sous un régime de protection judiciaire ?

La décision de mise sous un régime de protection judiciaire est prise par le juge des contentieux de la protection.

Principes juridiques. La demande de protection doit émaner d'une personne autorisée : la personne elle-même, un membre de sa famille ou le procureur de la République. Elle est accompagnée d'un certificat circonstancié rédigé par un médecin choisi sur une liste établie par le procureur de la République.

Application. En l'espèce, Stéphane peut demander le placement de son grand-père sous un régime de protection en présentant un certificat médical d'un médecin figurant sur la liste du procureur de la République.

2. Stéphane a été désigné tuteur de son grand-père par le juge des contentieux de la protection. Quelles sont les conséquences du placement sous tutelle d'Aimé ?

Principes juridiques. La tutelle est prononcée pour 5 ans renouvelables. La durée initiale peut être 10 ans en cas d'altération des facultés personnelles susceptibles de ne pas connaître d'amélioration. Elle fait l'objet de mesures de publicité.

Le majeur en tutelle est représenté de manière continue par son tuteur dans les actes de la vie civile sauf pour les actes relatifs à sa personne. Le tuteur effectue les actes d'administration. Les actes de disposition sont conclus par le tuteur avec l'autorisation du conseil de famille ou à défaut par le juge des contentieux de la protection.

Application. En l'espèce, Aimé sera assisté en continu par le tuteur nommé par le juge des contentieux de la protection sauf pour les actes personnels.

3. Aimé peut-il effectuer ces actes seuls ? Justifiez votre réponse.

- Embaucher un jardinier. Cette décision est prise seule par la personne protégée. Il s'agit d'une aide relative à sa personne. Si son état ne le permet pas, la personne protégée est représentée par son tuteur. Aimé pourra embaucher un jardinier.
- Vendre deux appartements. La vente d'un appartement est un acte de disposition. L'acte est réalisé par le tuteur avec autorisation du conseil de famille ou, à défaut, du juge des contentieux de la protection. Aimé ne pourra pas vendre ses appartements.
- S'abonner à une revue. Cet acte de la vie courante est effectué seul par la personne protégée. Aimé pourra s'abonner à cette revue.

4. La vente conclue par Aimé peut-elle être annulée ?

Principes juridiques. Le majeur en tutelle est représenté de manière continue par son tuteur dans les actes de la vie civile sauf pour les actes relatifs à sa personne. Le tuteur effectue les actes d'administration. Les actes de disposition sont effectués par le tuteur avec l'autorisation du conseil de famille ou à défaut par le juge des contentieux de la protection, sous peine de nullité de plein droit.

Un acte de disposition est un acte de transmission d'un bien ou d'un droit.

Application. En l'espèce, l'achat d'un immeuble est un acte de disposition. Cet achat doit être effectué par le tuteur avec l'autorisation du conseil de famille, à défaut du juge des contentieux de la protection. Il n'est pas nécessaire d'examiner le caractère fondé ou non de l'opération juridique, l'acte est frappé de nullité de plein droit.

Préparer l'épreuve

7 Situation pratique : Dominique

Compétence attendue

Identifier un régime de protection adapté à la situation d'un majeur dans une situation donnée

1. Conseillez Mégane.

Quels sont les régimes juridiques de protection des majeurs ?

Principes juridiques. Les majeurs dont les facultés mentales ou corporelles sont altérées bénéficient d'une protection juridique. Une personne majeure est placée sous protection judiciaire si elle est dans l'impossibilité de pourvoir seule à ses intérêts en raison d'une altération médicalement constatée et de nature à empêcher l'expression de sa volonté. La liberté du majeur doit être protégée et le régime choisi proportionné et temporaire. Le choix du régime est de la compétence du juge des contentieux de la protection.

Il existe trois principaux régimes de protection :

- La sauvegarde de justice s'applique à une personne qui a besoin d'une protection temporaire ou d'être représentée pour l'accomplissement de certains actes déterminés.
- La curatelle concerne le majeur qui a besoin d'être assisté ou contrôlé dans les actes importants de la vie civile.
- La tutelle est une représentation continue du majeur dans la vie civile.

Application. En l'espèce. Dominique détient un important patrimoine. Elle effectue des achats coûteux et inutiles, elle joue régulièrement au casino. Elle a besoin d'être représentée en continue. Le régime adapté à sa situation est la tutelle.

8 Commentaire de document : American Body Center

Compétences attendues

- **Justifier** l'existence d'une personne juridique
- **Identifier** et **caractériser** les attributs de la personnalité juridique
- **Analyser** la capacité d'une personne à accomplir un acte juridique

1. Expliquez ce qu'est une association au sens du droit.

Une association est un groupement de personnes qui mettent en commun d'une façon permanente leurs connaissances ou leur activité dans un but autre que de partager des bénéfices.

2. Justifiez la création de l'association American Body Center.

Une association est une personne morale à but non lucratif. C'est un groupement de personnes auquel la loi a attribué la personnalité juridique. Toutes les associations n'ont pas la capacité juridique.

La création de l'association American Body Center permet d'acquérir la personnalité juridique et par conséquent de conclure des contrats, recevoir de l'argent, détenir un compte bancaire pour réaliser son objet. L'objet de l'association à l'origine est de faire profiter ses membres de prestations à caractère sportif, son but est alors non lucratif.

3. Expliquez comment la capacité des associations est délimitée. Appliquez ces principes à l'association American Body Center.

Les associations ont une capacité de jouissance limitée. Cette limite tient à la nature de l'association (objet non lucratif) et au principe de la spécialité des personnes morales (l'association peut uniquement faire les actes prévus à ses statuts). Par ailleurs, l'association n'a pas de capacité d'exercice. C'est une fiction qui, pour agir, exige l'intervention de personnes physiques : les dirigeants de l'association.

4. Rappelez les faits dans l'affaire exposée.

Une association propose des activités sportives à des personnes extérieures contre le paiement d'un prix et d'un droit d'entrée. Cette possibilité n'est pas prévue par les statuts de l'association.

5. Identifiez le problème juridique posé.

Le problème juridique peut être résumé ainsi : y a-t-il pratique para-commerciale illicite ?

6. Analysez la décision de la Cour de cassation.

La pratique est qualifiée par la Cour de cassation de « paracommerciale » illicite. L'association se livre de manière habituelle à des opérations commerciales non prévues par ses statuts. Ces pratiques sont lucratives et de nature à porter préjudice aux commerçants offrant les mêmes prestations. Pour autant, cette association n'est pas assujettie aux charges fiscales et sociales afférentes aux activités commerciales.

CHAPITRE 7 Le commerçant

Évaluer les savoirs

1 QCM

1. a. L'acte de commerce par nature est naturellement commercial. Ce sont ces actes de commerce qui font de leur auteur un commerçant. Les lettres de change sont des actes de commerce par la forme, commerciaux quelle que soit la personne qui les effectue. Les actes de commerce réalisés par une personne dans l'exercice de son commerce sont des actes de commerce par accessoire.

2. a. Les actes de commerce par accessoire sont présumées commerciaux. Cette présomption est simple, elle admet la preuve contraire.

3. c. Les actes de M. Camus sont des actes de commerce par accessoire, M. Camus ayant la qualité de commerçant.

4. a, c, d. Un commerçant exerce des actes de commerce à titre indépendant et en fait sa profession habituelle.

5. a, c. L'entreprise commerciale se confond avec la personne du commerçant. En conséquence, l'entreprise commerciale n'a ni la personnalité juridique, ni la personnalité fiscale. Le commerçant relève du régime fiscal de l'impôt sur le revenu (IR) des personnes physiques dans la catégorie des bénéfices industriels et commerciaux (BIC). *Voir le programme de l'UE 4 de DCG.*

6. a, b. La preuve est libre pour les actes accomplis par un commerçant qui agit dans l'exercice ou dans l'intérêt de son commerce.

7. a. Les documents comptables sont archivés pendant 10 ans et font preuve entre commerçants et à l'encontre du commerçant qui les a tenus.

8. a, b. Un commerçant marié sous le régime de la communauté légale est responsable des dettes de son commerce sur les biens communs, que le fonds de commerce soit un bien propre (acquis avant le mariage) ou un bien commun (acquis après le mariage).

9. b, d. Le conjoint du commerçant a le choix entre les statuts de salarié-collaborateur ou d'associé. Ce choix est obligatoire. Faute de choix, le conjoint du commerçant est réputé « conjoint salarié ».

2 À la fine fleur

Qualifiez les actes suivants : « achat d'une console, vente de fleurs à Mlle Bleuet, conclusion du bail du studio de sa fille, achat d'un véhicule utilitaire, souscription d'un prêt à la banque du Centre, rédaction d'une lettre de change en paiement d'un créancier. »

- Achat d'une console : acte de commerce par accessoire.
- Vente de fleurs à Mlle Bleuet : achat pour revente.
- Conclusion du bail du studio de sa fille : acte de commerce par accessoire.
- Achat d'un véhicule utilitaire : acte de commerce par accessoire.
- Conclusion d'un prêt à la banque du Centre : acte de commerce par accessoire.
- Rédaction d'une lettre de change en paiement d'un créancier : acte de commerce par la forme.

3 Librairie Page Blanche

1. Qualifiez le statut de Mme Blanche.

Quels sont les statuts des conjoints de commerçant ?

Principes juridiques. Lorsque deux conjoints travaillent ensemble dans le même commerce, l'un est commerçant, l'autre devra choisir un statut. Il a le choix entre trois statuts qu'il convient ici de présenter : conjoint-salarié, conjoint-collaborateur, conjoint-associé.

- Le conjoint-salarié, statut par défaut, participe à l'activité commerciale à titre professionnel et habituel. Il perçoit un salaire au moins égal au SMIC.
- Le conjoint-collaborateur participe à l'entreprise ; il n'est pas rénuméré et il est mentionné au RCS.
- Le conjoint-associé apporte des biens communs pour créer une société entre époux. Il a qualité d'associé pour la moitié des parts souscrites correspondant à l'apport.

Application. En l'espèce, Mme Blanche est conjoint-collaborateur, elle n'exerce pas parallèlement une autre profession et collabore effectivement à l'entreprise.

2. Explicitez les conséquences de ce statut pour Mme Blanche.

Quelles sont les conséquences du statut de conjoint collaborateur d'un commerçant ?

Le statut de Mme Blanche est mentionné au RCS afin d'informer les tiers qui seraient en relation avec l'activité commerciale. Mme Blanche n'a pas la qualité de commerçant mais elle est présumée avoir reçu mandat de son conjoint commerçant d'accomplir des actes d'administration en son nom. Cette collaboration n'est pas en principe rémunérée. Elle bénéficie d'une couverture sociale au titre d'ayant droit de son conjoint. Affiliée à la sécurité sociale, elle verse des cotisations sociales pour la retraite, la retraite complémentaire, l'invalidité-décès et les indemnités journalières.

3. Proposez un statut qui permettrait à Mme Blanche de remédier à cette situation.

Quelles sont les dispositions du statut de conjoint associé ?

Principes juridiques. Le statut de conjoint-associé résulte de la création d'une société entre époux. Par société entre époux, on désigne toute société, quelle que soit sa forme, dans laquelle deux époux sont associés ensemble, seuls ou avec des tiers (C. civ., art. 1832 1). Cette situation particulière applique des règles du droit des régimes matrimoniaux et du droit des sociétés. Le statut d'associé peut être choisi dans une SARL, société en nom collectif (SNC), ou société par actions simplifiée (SAS). La forme choisie en pratique est souvent la SARL (responsabilité limitée, parts sociales)

Application. En l'espèce, pour obtenir ce statut d'associé, l'époux, doit détenir des parts sociales dans la société en effectuant un apport. L'apport peut être en numéraire (argent), en nature (un local, un brevet) ou en industrie (mise à disposition de son travail, de ses compétences techniques). Il participe aux bénéfices et aux pertes en fonction du type de société et au prorata des parts détenues. Il détient un droit de vote. Le conjoint-associé est affilié aux régimes maladie, vieillesse et allocations familiales du chef d'entreprise.

Mme Blanche pourrait opter pour le statut de conjoint-associé par la création d'une société entre époux de forme SARL et avec comme seul apport les biens communs. Mme Blanche aura le statut d'associé au même titre que son conjoint pour la moitié des parts souscrites. Ce statut lui confère des droits financiers (participation aux bénéfices) et des droits politiques (droit de vote). Elle devra répondre des dettes de la société.

Maîtriser les compétences

4 Louis

Compétence attendue

Vérifier qu'une personne remplit les conditions pour exercer le commerce dans une situation donnée

Décryptage des compétences

Le candidat doit être capable de définir et d'identifier les caractéristiques du commerçant, de décliner, de repérer les catégories d'actes de commerce, et de présenter les obligations légales d'immatriculation et de tenue de comptabilité.

Qualifiez le statut de Louis.

Quels sont les éléments constitutifs de la qualité de commerçant ?

Principes juridiques. Sont commerçantes les personnes qui exercent des actes de commerce et en font leur profession habituelle (C. com., art. L. 121-1). Ce sont les actes de commerce par nature qui donnent la qualité de commerçant. Ils concernent les activités de distribution, de production ou de services. Le commerçant exerce son activité afin de satisfaire à ses besoins financiers. L'activité commerciale peut coexister avec une autre profession non commerciale qui relèvera alors du droit civil. Le commerçant agit en son nom et pour son propre compte.

Application. En l'espèce, Louis est indépendant, il distribue du matériel informatique. À ce titre, il a une activité commerciale de distribution. Son activité de réparation est de nature civile. La part prépondérante de ses revenus est issue de ses activités commerciales et lui permet de satisfaire ses besoins financiers, par conséquent il a le statut de commerçant.

5 Benjamin

Compétence attendue

Analyser le statut et la situation patrimoniale d'un commerçant

Décryptage des compétences

Le candidat doit justifier et présenter l'EIRL comme outil de protection du patrimoine du commerçant en mettant en évidence le fait que l'EIRL n'est pas une forme sociétale (cette notion est à relier au point 2.4 « Théorie du patrimoine » du programme).

L'EIRL permet à l'entrepreneur individuel d'opter pour une imposition de ses bénéfices à l'impôt sur les sociétés (IS) plutôt qu'une imposition directe en son nom. Le patrimoine affecté par l'entrepreneur à l'occasion de la création de l'EIRL n'est pas figé dans le temps, il peut évoluer tout au long de l'activité professionnelle par des modifications faisant suite à l'ajout ou au retrait de biens.

1. Identifiez la forme juridique pour laquelle Benjamin pourrait opter.

Quelle est la situation patrimoniale du commerçant ? Quel est le régime juridique du statut d'EIRL ?

Principes juridiques. En application du principe d'unicité du patrimoine, l'ensemble du patrimoine du commerçant répond des dettes professionnelles à l'exception de sa résidence principale.

Le commerçant peut choisir le statut d'entrepreneur individuel à responsabilité limitée. Il permet au commerçant d'affecter à son activité une masse de biens, droits, obligations, sûretés sans créer une personne morale. Cette affectation aboutit à la constitution de deux patrimoines : personnel et professionnel. Cette opération se réalise avec un minimum de formalités par simple déclaration au registre.

Application. En l'espèce, Benjamin peut opter pour le statut d'EIRL.

2. Précisez l'intérêt de cette forme juridique pour les créanciers de Benjamin.

Principes juridiques. En optant pour le statut d'EIRL, les créanciers professionnels n'auront de droits que sur les biens qui composent le patrimoine affecté. Cet effet ne concerne que les créanciers postérieurs à la date de dépôt de la déclaration d'affectation. Le patrimoine affecté est le gage des créanciers personnels.

Application. En l'espèce, si Benjamin opte pour le statut d'EIRL, ses créanciers n'auront de droits que sur les biens affectés. Il peut ainsi protéger une partie de son patrimoine. Il devra prévenir ses créanciers antérieurs individuellement qui pourront faire opposition.

6 Arielle Lauder

Compétences attendues

- **Analyser** le statut et la situation patrimoniale d'un commerçant
- **Sélectionner** un statut pour le conjoint en fonction d'une situation simple et en mesurer les conséquences juridiques

Décryptage des compétences

Le candidat devra présenter les avantages et inconvénients des différents statuts du conjoint et pouvoir en proposer un en fonction des besoins du couple.

1. Conseillez Arielle et Rachid quant à leur projet de mariage.

Quelle est la situation matrimoniale du commerçant ?

Principes juridiques. L'ensemble du patrimoine du commerçant répond des dettes professionnelles à l'exception de sa résidence principale, d'où l'importance du choix du régime matrimonial. Il existe deux régimes principaux :

Le régime légal s'applique en l'absence de contrat de mariage. Dans ce régime, on distingue les biens propres acquis avant le mariage et les biens communs acquis après le mariage. Ainsi, deux situations peuvent se présenter :

- le fonds de commerce acquis avant le mariage est un bien propre. Le propriétaire commerçant a tous les pouvoirs d'administration et de disposition du fonds. Les dettes et les bénéfices de l'exploitation entrent en communauté. Ce régime de la communauté autorise un créancier à poursuivre le paiement d'une créance sur les biens propres et l'ensemble des biens communs des époux ;
- le fonds de commerce est un bien commun. L'époux commerçant accomplit les actes d'administration et de disposition nécessaires à l'activité commerciale à l'exception des actes les plus graves (ex. : ventes, sûretés). Les dettes et les bénéfices de l'exploitation entrent en communauté.

Le régime de la séparation est organisé par un contrat de mariage. Chaque époux est propriétaire des biens qu'il a acquis avant et après le mariage. Il n'y a pas de biens communs. Dans cette hypothèse, l'époux commerçant est propriétaire du fonds de commerce l'administre et en dispose seul. Il perçoit les bénéfices et supporte seul les pertes.

Application. En l'espèce, le choix du régime matrimonial doit retenir deux aspects importants de la situation des futurs époux. Arielle va devenir commerçante, Rachid dispose de quelques économies et d'un appartement. En conséquence, Rachid peut subir sur ses biens les conséquences des difficultés professionnelles rencontrées par Arielle dans la gestion de son commerce. Pour éviter une telle situation, les époux peuvent adopter le régime de la séparation des biens et conclure un contrat de mariage. Dans cette hypothèse, Arielle administre et dispose seule de son fonds de commerce. Elle perçoit seule les bénéfices et supporte seule les pertes. Ce régime apporte donc une grande sécurité aux époux.

2. Recommandez un statut à Rachid sachant qu'il travaillera avec Arielle dans son entreprise.

Quels sont les statuts possibles pour un conjoint de commerçant ?

Principes juridiques. La loi offre la possibilité de choisir un statut parmi trois propositions : le statut de collaborateur, de salarié ou d'associé. L'adoption d'un de ces statuts entraîne des conséquences, notamment en matière de droits sociaux. Le statut de conjoint-collaborateur s'applique à tout conjoint qui collabore effectivement à l'entreprise familiale et qui en fait mention au RCS. Cette collaboration ne doit pas être rémunérée et le conjoint ne doit pas avoir la qualité d'associé. En conséquence, le conjoint est ayant droit du chef d'entreprise pour les prestations d'assurance-maladie et les prestations familiales. Il est obligatoirement affilié à l'organisme autonome d'assurance vieillesse auquel le chef d'entreprise est affilié. Enfin, les cotisations sociales du conjoint-collaborateur sont admises en déduction du bénéfice imposable de l'entreprise sous certaines conditions. Le statut de conjoint-salarié, statut par défaut, suppose que le conjoint participe effectivement à l'activité commerciale à titre professionnel et habituel. Il doit recevoir une rémunération au moins égale au SMIC et être subordonné à son époux. Le conjoint bénéficie de l'application des règles du droit du travail et profite des prestations de la sécurité sociale et du droit à pension des salariés. Le salaire du conjoint est déductible du bénéfice imposable. Le statut de conjoint associé est réservé aux époux qui constituent une société familiale avec l'apport des seuls biens communs. Chaque époux revêt alors la qualité d'associé pour la moitié des parts souscrites correspondant à l'apport.

Application. En l'espèce, il s'agit d'une entreprise individuelle et non pas d'une société. Les statuts de conjoint salarié et de conjoint collaborateur permettent de protéger les droits sociaux de Rachid. Le choix final résultera de l'implication et de l'autonomie de Rachid dans la gestion des affaires courantes, d'un examen des coûts de la protection sociale de Rachid et des avantages qu'il peut en attendre.

Préparer l'épreuve

7 Situation pratique : cas El Mondo Bio

Compétence attendue

Vérifier qu'une personne remplit les conditions pour exercer le commerce dans une situation donnée

Décryptage des compétences

Le candidat doit caractériser une situation de commerçant de fait ainsi que ses conséquences.

1. Déterminez si Milo peut prendre la succession de son père et tenir le magasin.

Quelle est la capacité juridique pour exercer le commerce ?

Principes juridiques. Toute personne qui n'a pas atteint l'âge de 18 ans ne peut pas, en principe, effectuer des actes de commerce. Par exception, la loi portant création du statut d'EIRL (du 15 juin 2010) prévoit que les mineurs émancipés puissent être commerçants s'ils y sont autorisés par le juge des contentieux de la protection au moment de l'émancipation ou par le président du tribunal judiciaire après l'émancipation.

Application. En l'espèce, Milo âgé de 17 ans souhaiterait succéder à son père commerçant. À cette fin, une demande d'émancipation par ses parents est nécessaire. Le juge des contentieux de la protection déterminera si Milo est en situation d'avoir le statut de commerçant. Il s'appuiera probablement sur les compétences et la maturité acquises précédemment dans le commerce de ses parents.

2. Analysez la situation de Joaquín : peut-il devenir commerçant et quelles formalités devra-t-il accomplir ?

Quelles sont les conditions d'accès des étrangers à la qualité de commerçant ?

Principes juridiques. Les ressortissants de l'UE, les étrangers titulaires d'une carte de résident, les ressortissants des pays de l'AELE peuvent devenir commerçants résidents en France et sont dispensés de formalités. Un principe général gouverne la réglementation concernant l'activité commerciale par un étranger non ressortissant européen, celui de la réciprocité législative. Celui-ci ne peut en France exercer une activité commerciale que si un Français jouit des mêmes droits dans son pays. Il existe un grand nombre de traités. L'étranger qui réside en France et veut exercer la profession de commerçant doit obtenir une carte de séjour temporaire autorisant l'exercice d'une activité commerciale. Il doit justifier d'une activité économique viable et compatible avec l'ordre public.

Application. En l'espèce, Joaquín est citoyen argentin et réside déjà en France, il doit demander une carte de séjour temporaire et justifier de la viabilité du commerce de fruits et légumes bio de Vincent, sauf s'il a déjà une carte de résident.

8 Commentaire de document : Technigaz entretien

Compétences attendues

- **Identifier** le commerçant
- **Vérifier** qu'une personne remplit les conditions pour exercer le commerce dans une situation donnée

1. Rappelez les faits dans cette affaire.

2. Identifiez le problème de droit.

3. Analysez la décision de la Cour de cassation et ses motifs.

Pourvoi en cassation, litige commercial

Cour de cassation, chambre commerciale, 11 mars 2008, pourvoi n° 06-20089

Sur le moyen unique :

Faits

Attendu, selon l'arrêt attaqué (Versailles, 14 septembre 2006), que M. X...., salarié de la société Technigaz entretien, a donné sa démission ; qu'il s'est alors installé à son compte en qualité de plombier chauffagiste ; que la société Technigaz entretien l'a assigné aux fins de cessation d'agissements de concurrence déloyale ; que M. X.... se prévalant de son statut d'artisan a soulevé l'incompétence du tribunal de commerce au profit du tribunal de grande instance ;

Demandeur au pourvoi (société Technigaz)

Décision de la cour d'appel

Attendu que la société Technigaz entretien fait grief à l'arrêt d'avoir dit que le tribunal de commerce était incompétent pour statuer sur les demandes qu'elle avait formées à l'encontre de M. X.... et d'avoir renvoyé la cause et les parties devant le tribunal de grande instance, **alors, selon le moyen, que** l'activité de fourniture de services, non exclusivement intellectuelle et exercée à titre habituel et lucratif, revêt un caractère commercial ; **qu'en estimant que** M. X...., plombier chauffagiste, ne pouvait être qualifié de commerçant, tout en relevant que l'intéressé exerçait à titre habituel et lucratif une activité de « production, transformation et prestations de services », à laquelle s'ajoutait une activité accessoire « d'achat de matières premières elles-mêmes revendues », ce dont il résultait que M. X.... avait bien la qualité de commerçant, la cour d'appel n'a pas tiré les conséquences légales de ses constatations et a violé l'article L. 110-1,6° du code de commerce ;

Arguments du pourvoi

Motifs de la Cour de cassation

Mais attendu que l'arrêt retient que M. X... travaillait seul, sans l'apport d'une main d'œuvre interne ou externe, qu'il exerçait de manière prépondérante une activité de production, transformation et prestation de services dont il tire l'essentiel de sa rémunération, et que l'achat pour revendre de marchandises représentait, pour l'année 2004, pour lui seulement l'équivalent d'environ 5 % de son résultat d'exploitation, c'est-à-dire était accessoire et marginale ; qu'en l'état de ces constatations et appréciations, la cour d'appel, qui a fait ressortir que M. X... était un travailleur indépendant dont les gains provenaient essentiellement du produit de son travail personnel et qu'il ne spéculait ni sur les marchandises ni sur la main d'œuvre, a pu statuer comme elle a fait ; que le moyen n'est pas fondé ;

Décision de la Cour de cassation

PAR CES MOTIFS :
REJETTE le pourvoi ;

CHAPITRE 8 Les professionnels de la vie des affaires autres que les commerçants

Évaluer les savoirs

1 QCM

1. c. Un artisan exerce une activité professionnelle indépendante de production, de transformation, de réparation ou de prestation de services figurant sur une liste établie par décret en conseil d'État.

2. b, c. L'artisan s'inscrit au répertoire des métiers, il n'emploie pas plus de 10 salariés, hors conjoint-collaborateur ou apprentis (la loi autorise un effectif supérieur mais dans la limite de 50). L'artisan est un travailleur manuel, il ne spécule ni sur la main d'œuvre, ni sur les marchandises.

3. c, d. L'agriculteur exerce une activité agricole (activités définies à l'article L. 311-1 du Code rural). Il détient un titre sur des biens fonciers, support de son activité : propriété, usufruit, contrat de location.

4. a. L'activité de l'agriculteur est de nature civile. Il tire l'essentiel de ses revenus de son activité manuelle et vend ce qu'il produit.

5. a, b, d. L'agriculteur est assujetti à un régime simplifié agricole de TVA. Il relève du régime fiscal de l'impôt sur le revenu au titre des bénéfices agricoles.

6. a, c, d. Le professionnel libéral a une activité civile. Il assure des prestations principalement intellectuelles, techniques ou des soins qui nécessitent une qualification professionnelle. La profession est soumise à des droits et des devoirs résultant de la loi ou d'un code de déontologie pour les professions réglementées (ex. : experts-comptables).

2 Qui est qui ?

Dans chacune des situations ci-après, précisez la qualité des personnes concernées (artisan, agriculteur ou autre). Justifiez votre réponse.

1. Luigi fabrique des pâtes alimentaires. Il s'est spécialisé dans la production de pâtes à formats spéciaux (anneaux, petits carrés, paniers, roues creuses). Il travaille avec son épouse et 3 salariés. Il utilise un matériel très sophistiqué qu'il a acquis récemment.

Luigi ne peut pas être qualifié d'artisan. Il spécule sur des machines. Son activité est commerciale.

2. Martin Duchamp, propriétaire d'un bien rural, et M. Delavallée souhaite exploiter ces terres. Martin Duchamp transfère à M. Delavallée, par contrat, la jouissance de ses terres contre le versement, en argent ou en produits, d'une valeur fixe. M. Delvallée est agriculteur, il détient un titre juridique sur des biens fonciers. Martin Duchamp transfère la jouissance de ses terres à M. Delavallée, c'est un contrat de bail à ferme, le loyer est fixe.

3. M. Lepeintre est peintre-vitrier. Il travaille seul. Il remplace les vitres cassées, effectue des travaux de peinture chez des clients. Il procède à des achats de marchandises dont l'importance et la fréquence sont élevées (ex. : peintures, papier peint, miroirs).

M. Lepeintre est indépendant, il effectue un travail manuel lors des travaux de peinture ou de remplacement de vitres cassées. Ces travaux s'apparentent au statut d'artisan. Toutefois, même si certains actes sont des achats pour revente et si la revente en l'état constitue l'essentiel de ses revenus, il peut avoir le statut de commerçant.

4. M. Ireland conclut un contrat avec un propriétaire terrien, M. Delacampagne aux termes duquel ce dernier lui confère la jouissance de ses biens, moyennant un partage en nature des produits de l'exploitation. Les charges sont aussi partagées entres les deux parties. M. Ireland est titulaire d'un titre juridique sur un bien foncier, support de son activité. Il a le statut d'agriculteur.

5. Titulaire d'un diplôme de kinésithérapeute, spécialisé en médecine du sport, Hakim Marty s'est installé à son compte récemment. Hakim Marty est un professionnel libéral. Il est donc indépendant. Il exerce une profession intellectuelle avec un fort lien de confiance. Il appartient à la catégorie des professions de santé. L'accès à cette profession est subordonné à un diplôme. La profession est dotée d'un Ordre et d'une déontologie.

Maîtriser les compétences

3 Sébastien Leblond

Compétence attendue

Identifier et **analyser** les principes juridiques applicables aux catégories professionnelles suivantes : artisan, agriculteur, professionnel libéral

Décryptage des compétences

Le candidat sera capable de présenter les principales caractéristiques de l'artisan, de l'agriculteur et du professionnel libéral ainsi que leurs obligations en termes d'immatriculation (à mettre en lien avec le point 2.2 « Les commerçants, personnes physiques » du programme).

1. Identifiez le statut de Sébastien.

Quels sont les éléments constitutifs de la qualité d'agriculteur ?

Principes juridiques. Un agriculteur exerce une activité agricole (activités définies à l'article L. 311-1 du Code rural). Il détient un titre sur des biens fonciers, support de son activité : propriété, usufruit, contrat de location. L'activité de l'agriculteur est de nature civile. Il tire l'essentiel de ses revenus de son activité manuelle et vend ce qu'il produit. Il est indépendant.

Application. En l'espèce, l'activité de Sébastien est une exploitation avicole. Le caractère civil ou commercial est attribué à ce type d'activité en fonction de l'origine du cheptel, de la présence ou non d'une activité d'élevage, de la nourriture des animaux du cheptel par des produits de l'exploitation ou des aliments achetés à l'extérieur. Les poussins sont achetés à l'extérieur, ils sont élevés par Sébastien (l'activité ne se limite donc pas à la revente) et nourries de denrées qui proviennent de ses terres (il n'y a pas spéculation sur des matières premières). Il ne vend plus des poussins mais des poules. En conséquence, l'activité est de nature civile. Sébastien Leblond gère son exploitation, il est donc indépendant. Enfin, il vit de la vente de ses poules. Il a le statut d'agriculteur.

2. Analysez les conséquences juridiques de ce statut.

Si une activité est qualifiée de commerciale, les dispositions du droit commercial s'appliquent à cette activité : compétence des tribunaux, régime de la preuve,

En revanche, si une activité est qualifiée de civile, le droit civil est appliqué, les règles de comptabilité commerciale ne s'appliquent pas. Même si certaines règles du droit commercial sont désormais appliquées à l'artisan : réglementation des baux commerciaux, statut du conjoint, statut d'EIRL...

4 Marc Duchâteau

Compétence attendue **Identifier** et **analyser** les principes juridiques applicables aux catégories professionnelles suivantes : artisan, agriculteur, professionnel libéral

1. Identifiez le statut de Marc Duchâteau.

Quels sont les éléments constitutifs de la qualité de professionnel libéral ?

Principes juridiques. Le professionnel libéral assure des prestations de nature intellectuelle, son activité est civile à fort intuitu personae. Il est indépendant, il agit en son nom et pour son propre compte. Il a une qualification professionnelle. Enfin, il est soumis à une déontologie, il est soumis à des règles qui résultent de la loi ou d'un code de déontologie de la profession.

Application. En l'espèce, l'activité principale de l'expert-comptable est le conseil aux entreprises. Au-delà de la comptabilité, il apporte son expertise en matière financière, fiscale ou juridique. Partenaire clé du dirigeant, il l'accompagne dans ses prises de décisions.

Il assure des prestations de nature intellectuelle, son activité est civile. Il est indépendant (à différencier du comptable salarié). Il a une qualification professionnelle (titulaire du DEC, un titre certifié). Il a avec ses clients un fort intuitu personae (il est un partenaire de son client dont il connaît toutes ses problématiques professionnelles). Enfin, il est soumis à une déontologie édictée par l'ordre des experts-comptables. C'est un professionnel libéral.

2. Analysez la proposition des parents de Marc consistant à confier à leur fils des missions comptables.

Principes juridiques. L'exercice de la profession d'expert-comptable, profession libérale suppose le respect de règles de déontologie sanctionnées par un ordre professionnel : indépendance, responsabilité professionnelle, secret professionnel.

Application. En l'espèce, Marc ne saurait exercer ses missions en toute indépendance et objectivité pour ses parents pharmaciens. Il se placerait dans une situation qui puisse diminuer son libre arbitre et en conflit d'intérêts.

Aux termes de la loi n° 2013-907 du 11 octobre 2013 : le conflit d'intérêts désigne « toute situation d'interférence entre un intérêt public et des intérêts publics ou privés qui est de nature à influencer ou à paraître influencer l'exercice indépendant, impartial et objectif d'une fonction ».

3. Déterminez en quoi le fait que l'enseigne Auchan soit client d'ABC pose problème.

Dans le respect des règles déontologiques précédemment énoncées, Marc ne saurait être l'expert-comptable d'Auchan, magasin dont la directrice générale est son épouse. En revanche, Auchan peut être client du cabinet ABC, à charge pour Marc de rester à distance des dossiers concernant ce client.

4. Prononcez-vous sur la demande d'un ami de Marc qui souhaiterait que le cabinet ABC l'aide à optimiser sa fiscalité en plaçant de l'argent dans des paradis fiscaux.

Principes juridiques. L'expert-comptable prête serment et s'engage notamment à exercer sa profession avec conscience et probité, à respecter et faire respecter les lois dans ses travaux.

L'expert-comptable conseille ses clients dans la recherche des meilleures solutions en matière fiscale, dans le cadre de ses missions comptables et administratives. Le placement dans les paradis fiscaux est illégal.

Application. En l'espèce, Marc peut conseiller en matière fiscale mais ne saurait aider au placement dans les paradis fiscaux.

Préparer l'épreuve

5 Cas Agricol

Compétence attendue

Identifier et **analyser** les principes juridiques applicables aux catégories professionnelles suivantes : artisan, agriculteur, professionnel libéral

1. Déterminez si le fait de développer une activité de tourisme à la ferme fait de M. Agricol un commerçant. Justifiez votre réponse.

La loi du 30 décembre 1988 codifiée à l'article 311-1 du Code rural (reproduit à la page 130 du manuel) a confirmé le caractère civil de l'activité agricole et considéré comme telle, non seulement la production agricole stricto sensu mais encore les activités exercées par un exploitant agricole qui sont dans le prolongement de l'acte de production ou qui ont pour support cette exploitation, comme le tourisme à la ferme.

2. Déterminez la juridiction compétente dans le règlement du litige opposant MM. Agricol et Béton.

Quel est le domaine de compétence du tribunal de commerce ?

Principes juridiques. Le tribunal de commerce examine les litiges entre commerçants à propos de leur commerce et à propos d'actes de commerce entre toutes personnes.

Application. En l'espèce, les lettres de change sont des actes de commerce par la forme. Le tribunal de commerce est compétent en cas de litige.

6 Commentaire de document : Éditions Cercle d'Art

Compétence attendue

Identifier et **analyser** les principes juridiques applicables aux catégories professionnelles suivantes : artisan, agriculteur, professionnel libéral

1. Identifiez les parties et exposez les faits.

La société Editions Cerce d'Art, demandeur se prétend seul titulaire des droits de propriété incorporelle sur une série de 29 portraits imaginaires de Pablo X. Elle a assigné devant le tribunal de commerce pour contrefaçon par Mme Y et M. Z- Enseigne Stephen Promo-Ceram, défendeur, qui ont reproduit ces portraits sur un support céramique. Le tribunal de commerce s'est déclaré incompétent au motif que M. Z était artisan.

2. Formulez le problème de droit posé à la Cour de cassation.

Le problème de droit peut être ainsi formulé : quels sont les éléments constitutifs de la qualité de commerçant ?

3. Repérez la position des juges de cassation et justifiez-la.

La Cour de cassation a relevé que la société Éditions Cercle d'Art reprochait à M. Z la fabrication de reproductions sur céramique d'œuvres de Pablo X, dont elle se prétend seule titulaire des droits de propriété incorporelle. M. Z était inscrit pour cette activité au registre des métiers et n'exerçait pas d'activité d'édition au sens de l'article L. 132-1 du Code de la propriété intellectuelle. En conséquence, il ne pouvait pas être considéré comme commerçant.

Un artisan exerce une activité manuelle indépendante, il est immatriculé au registre des métiers. Un commerçant exerce des actes de commerce, des achats pour revente. M. Z a une activité manuelle qui consiste en la reproduction d'œuvres sur céramique. Et c'est à ce titre que Les Éditions Cercle d'Art ont poursuivi M. Z pour contrefaçon.

CHAPITRE 9 Le patrimoine

Évaluer les savoirs

1 QCM

1. b, d. Toute personne-physique ou morale même l'enfant qui vient de naître à un patrimoine constitué de l'ensemble de ses droits et obligations évaluables en argent.

2. a, b, c. Le patrimoine est composé de droits, de biens et d'obligations.

3. a, b, c, d. Un droit réel est un pouvoir exercé directement sur une chose, il porte sur des biens meubles et immeubles. Il s'agit principalement du droit de propriété. Les droits réels accessoires sont des droits exercés sur la valeur de la chose, ils sont l'accessoire d'un droit de créance (gages constitués en garantie d'une créance, ou hypothèques).

4. a, c. Les créanciers chirographaires ont un droit de gage général sur les biens du débiteur. Ils peuvent faire saisir un bien quelconque du débiteur, le faire vendre et se payer sur le prix, par opposition aux créanciers privilégiés.

5. a, c. La fiducie est une technique contractuelle qui permet de transférer, de façon temporaire la propriété d'un droit à une autre personne (la fiduciaire), chargée de l'administrer dans un but déterminé, sans pour autant intégrer le patrimoine de la fiduciaire. Ils constituent un patrimoine d'affectation.

6. b. Le statut d'entrepreneur individuel à responsabilité limitée permet à l'entrepreneur de créer un patrimoine d'affectation dédié à son activité professionnelle sans créer une personne morale, à la différence d'une société.

2 Sogelec

1. Identifiez les biens qui pourraient être saisis par Metrotech en cas de procédure. Justifiez votre réponse.

Principes juridiques. L'artisan est une profession indépendante. Il agit en son nom et pour son propre compte. Dans le régime de la communauté légale, les biens acquis après le mariage sont communs. Les créanciers impayés disposent d'un droit de gage général sur les biens de leur débiteur.

Application. En l'espèce, les créanciers de Denis peuvent saisir les biens communs du patrimoine des époux, le faire vendre et se payer sur le prix.

2. Énumérez les avantages que le choix du statut d'EIRL aurait présentés pour Denis.

Principes juridiques. Le choix du statut d'EIRL par un entrepreneur individuel lui permet de séparer son patrimoine personnel d'un patrimoine d'affectation à son activité professionnelle sans créer une personne morale. En conséquence les créanciers professionnels ne peuvent saisir que les biens constituant le patrimoine d'affectation.

Application. En l'espèce, si Denis avait choisi ce statut, seuls les biens affectés pourraient être saisis par ses créanciers professionnels.

Maîtriser les compétences

3 Famille Samson

Compétence attendue

Évaluer les risques patrimoniaux de l'entrepreneur dans une situation donnée

Décryptage des compétences

Le candidat doit :
- être capable de donner une définition du patrimoine, d'identifier sa composition et de justifier son utilité au regard des créanciers ;
- connaître les limites de la théorie classique du patrimoine ;
- expliquer les apports du patrimoine d'affectation quant à la limitation des risques patrimoniaux à l'égard du commerçant et de son conjoint.

1. Identifiez les biens engagés dans l'activité commerciale de M. Samson.

Quelles sont les conséquences de la qualité de commerçant sur les biens du commerçant ?

Principes juridiques. Un commerçant est indépendant. Il agit en son nom et pour son propre compte. Il supporte les risques de son commerce. En application du principe de l'unité du patrimoine, l'ensemble du patrimoine du commerçant répond de ses dettes professionnelles à l'exception de sa résidence principale qui est insaisissable. Dans le régime de la communauté légale, les biens acquis avant le mariage sont propres, ceux acquis après le mariage sont communs.

Application. En l'espèce, M. Samson engage l'ensemble de ses biens à l'exception de sa résidence principale.

2. Précisez le statut des créanciers de M. Samson ainsi que leurs droits.

Quels sont les droits des créanciers d'un commerçant ?

Principes juridiques. Les créanciers disposent d'un droit de gage général sur les biens de leur débiteur. Ils sont dénommés chirographaires. Ils peuvent faire saisir un bien du débiteur, le faire vendre et se payer sur le prix de la vente. Ce droit ne porte pas sur un bien déterminé mais sur tous les biens qui appartiennent au débiteur au moment de l'action du créancier. Ce droit est détenu par l'ensemble des créanciers du débiteur, sauf si une créance est assortie d'une sûreté (ex. : gage, hypothèque).

Application. En l'espèce, les créanciers professionnels de M. Samson ont des droits sur l'ensemble de ses biens sauf sa résidence principale. Ils peuvent saisir l'un quelconque de ses biens et se payer sur le prix de la vente de ce bien.

3. L'épouse de M. Samson se réjouit d'avoir fini de rembourser le crédit lié à l'achat de la résidence principale du couple. Partagez-vous son point de vue ?

Principes juridiques. Le patrimoine d'une personne est l'ensemble de ses droits et obligations et constitue une unicité de droits. Les créanciers professionnels et personnels d'un commerçant disposent d'un droit de gage général sur les biens du débiteur. Toutefois, les créanciers professionnels ne peuvent pas faire saisir la résidence principale.

Application. En l'espèce, les créanciers professionnels de M. Samson ne pourront pas saisir la maison des époux en cas d'impayé. Les créanciers personnels impayés pourront néanmoins le faire.

4. Jack, fils aîné des Samson, se demande si la situation de sa famille peut avoir des conséquences sur son ordinateur, son matériel de musique professionnel et sa moto, tous achetés par ses parents ?

Principes juridiques. En application de l'approche personnaliste du patrimoine, une personne physique a un et un seul patrimoine. Si cette personne est commerçante, les biens professionnels et les biens destinés à la satisfaction de sa famille sont mélangés. En conséquence, quand le commerçant rencontre des difficultés, il ne peut pas préserver sa famille des actions de ses créanciers.

Application. En l'espèce, les biens utilisés dans sa vie courante par Jack peuvent être saisis par les créanciers de son père, commerçant.

Sur le fonds de commerce, des créanciers peuvent détenir un privilège (nantissement ↪ **chapitre 14**), et le vendeur du fonds de commerce impayé dispose d'un privilège.

5. M. Jourdain, fournisseur de M. Samson, est persuadé qu'il est prioritaire sur le prix de vente du fonds de commerce pour le remboursement de sa créance qui s'élève à 70 000 €. Partagez-vous son point de vue ?

Principes juridiques. Les créanciers chirographaires ont un droit de gage général sur les biens du débiteur. Ils sont dénommés ainsi par opposition aux créanciers privilégiés.

Application. En l'espèce, M. Jourdain, créancier chirographaire, ne disposant d'aucun privilège n'est pas prioritaire sur la vente du fonds de commerce pour être payé de sa créance.

4 Coupe-fil

Compétences attendues

- **Distinguer** les intérêts et limites des théories du patrimoine
- **Distinguer** entreprise individuelle et EIRL

Décryptage des compétences

Le candidat doit être capable de qualifier les biens à partir d'une typologie classique en distinguant les différents caractères.

Présentez, à Philippe et à son épouse, une note de synthèse répondant à l'ensemble de leurs interrogations.

En application du principe de l'unité du patrimoine, l'ensemble du patrimoine du commerçant répond de ses dettes professionnelles à l'exception de sa résidence principale. Par conséquent, aucun capital n'est constitué. L'appartement, résidence principale, ne saurait être saisi en application de ce principe. En présence de dettes, les créanciers (ici, la banque) saisiront les biens du commerçant, propres et /ou communs, selon le régime matrimonial choisi.

Le statut d'entrepreneur individuel à responsabilité limitée (EIRL) permet au commerçant de protéger ses biens en séparant ses patrimoines personnel et professionnel par la création d'un patrimoine affecté à son activité professionnelle (patrimoine d'affectation) composé d'une masse de biens, de droits, d'obligations et de sûretés, qui ne crée pas une personne morale.

Le patrimoine affecté est constitué par simple déclaration d'affectation au registre. Ce statut est opposable de plein droit à tous les créanciers dont les droits sont nés après son dépôt. Plusieurs patrimoines d'affectation peuvent être créés.

Depuis la loi Pacte, l'entrepreneur est contraint de choisir entre les statuts d'EIRL et d'entrepreneur individuel à la création de l'activité mais cette option est permanente.

Préparer l'épreuve

5 Situation pratique : cas Dolan

Compétence attendue

Évaluer les risques patrimoniaux de l'entrepreneur dans une situation donnée

Décryptage des compétences

Le candidat doit expliquer les limites de la théorie classique du patrimoine et les apports du patrimoine d'affectation quant à la limitation des risques patrimoniaux à l'égard du commerçant et de son conjoint.

1. Précisez la nature juridique du document. Identifiez et qualifiez les parties.

Le contrat est conclu entre François-Xavier Dolan, commerçant sous statut d'entrepreneur individuel, Maître Maréchal, avocat. C'est un contrat de fiducie.

2. Rappelez l'utilité du recours à un tel contrat.

La fiducie est une technique contractuelle par laquelle une personne (le constituant) transfère, de façon temporaire, à une autre personne (le fiduciaire) la propriété d'un droit lui appartenant en vue de l'administrer dans un but déterminé. Cette technique est une application de la théorie du patrimoine d'affectation. Elle permet d'affecter des biens à une destination particulière et ainsi de préserver d'autres biens. La fiducie peut prendre deux formes :

- la fiducie-gestion a pour but de confier la gestion d'un bien à une fiduciaire ;
- la fiducie-sûreté est utilisée pour garantir une créance.

3. Identifiez les parties au contrat et leur statut.

En l'éspèce, François-Xavier Dolan est le constituant, Me Maréchal est le fiduciaire.

4. Déterminez les obligations de chacune des parties.

Le contrat présenté est une fiducie-sûreté.

M. Dolan transfère la propriété des biens désignés au fiduciaire, il désigne le bénéficiaire du patrimoine d'affectation (la banque Crédito).

Me Maréchal conserve le patrimoine d'affectation. Il transférera ce patrimoine à la banque Crédito si M. Dolan ne rembourse pas le crédit qu'il a contracté auprès de cette banque.

5. Expliquez comment le contrat prendra fin.

Deux issues sont possibles à l'échéance du contrat, soit 48 mois après sa date de signature :

- M. Dolan a remboursé son prêt à la banque Crédito. Me Maréchal lui restitue son patrimoine d'affectation ;
- M. Dolan ne rembourse pas son prêt. Me Maréchal a transféré le patrimoine d'affectation à la banque Crédito.

CHAPITRE 10 La propriété

Évaluer les savoirs

1 QCM

1. a, c, d. Le droit de propriété est le plus complet des droits réels, il porte directement sur une chose. C'est un droit absolu, le propriétaire dispose de trois attributs (*usus*, *fructus*, *abusus*). C'est un droit exclusif, le propriétaire dispose d'un monopole, il est le seul à exercer les prérogatives de son droit de propriété (sauf démembrement).

2. a, b, d. Le droit de propriété est opposable aux tiers et s'incline devant l'intérêt général (ex: passage de canalisations, fils électriques...). Seul le propriétaire peut exercer les prérogatives du droit de propriété (sauf démembrement, comme l'usufruit).

3. a, b, c, d, e, f. L'ensemble de ces opérations relève de l'*usus*, du *fructus* et de l'*abusus*.

4. a, c, d. L'*abusus* est le droit de disposer de la chose, objet du droit de propriété. Cette disposition est matérielle et juridique.

5. a. Le transfert de propriété a lieu, sauf exception lorsque le vendeur et l'acheteur sont d'accord sur la chose et le prix.

6. a. La possession est un fait juridique. C'est un comportement à l'égard d'une chose comme si on en était propriétaire.

7. a, d. L'usufruitier d'une maison dispose de l'*usus* et du *fructus*. Il a l'usage de la chose et en recueille les fruits. Le nu-propriétaire détient l'*abusus*.

8. b, c. Le trouble anormal de voisinage est une situation qui excède les contraintes liées au voisinage. Il existe en l'absence de faute et est apprécié en fonction des circonstances par le juge. Ainsi un trouble du repos nocturne n'est pas nécessairement qualifié de « trouble anormal de voisinage ».

2 Abus de droit ou trouble anormal de voisinage ?

Qualifiez les atteintes au droit de propriété perpétrées par M. Freeman.

Quelles sont les limites jurisprudentielles liées à l'exercice du droit de propriété ?

Principes juridiques. L'exercice du droit de propriété peut être entravé quand il est abusif – c'est l'abus de droit – ou lorsqu'il cause un trouble anormal de voisinage.

Dans le cas de l'abus de droit, le propriétaire commet une faute en utilisant les prérogatives de son droit de façon abusive. Pour obtenir réparation la victime devra apporter la preuve de l'existence de cette faute, un dommage et un lien de causalité.

Le trouble anormal de voisinage est une contrainte liée au voisinage et provoqué sans qu'il y ait une faute de la part du propriétaire. Le caractère anormal est apprécié par les juges.

Application. En l'espèce, les comportements de Monsieur Freeman peuvent être qualifiés de troubles anormaux de voisinage ou d'abus de droit, selon leur caractère fautif ou non. Ce caractère est clairement décrit dans le cas de la plantation des cyprès-thuyas et de la forte lumière éclairant la façade de ses voisins, et dont on peut se demander quelle en est l'utilité. En revanche, le fait de jouer de la batterie n'est pas en soi une faute mais un trouble causé à la tranquillité de ses voisins.

Maîtriser les compétences

3 Madame Lesoubie

Compétence attendue **Analyser** les prérogatives du propriétaire

Décryptage des compétences

Le candidat doit distinguer et définir les attributs des caractères du droit de propriété.

Analysez les chances de M. Chopart de voir son action aboutir.

Quels sont les caractères du droit de propriété ?

Principes juridiques. Le droit de propriété est un droit réel, il porte directement sur une chose. C'est un droit absolu, le propriétaire détient l'usus, le fructus et l'abusus. C'est un droit exclusif, il est opposable à tous. C'est un droit perpétuel, il dure autant que la chose qui en est l'objet.

Application. En l'espèce, M. Chopart voisin de Mme Lesoubie, s'oppose à la construction d'un abri de jardin au motif qu'il s'appuierait sur un mur édifié dans son terrain. Le caractère exclusif du droit de propriété lui confère le droit de s'opposer aux tiers qui porterait atteinte à son droit de jouir et disposer de son bien.
En vertu du caractère exclusif du droit de propriété, le propriétaire d'un bien peut interdire à toute personne de tirer profit des utilités de son bien. M. Chopart peut intenter une action pour atteinte à son droit de propriété. Cette action sera recevable.

4 Bernard Pinaud

Compétence attendue **Identifier** les modes d'acquisition de la propriété

Repérez et identifiez les différents modes d'acquisition de la propriété à l'origine patrimoine de Bernard Pinaud.

Quels sont les modes d'acquisition du droit de propriété ?

Principes juridiques. La propriété s'acquiert par un mode originaire (la création ou la possession) ou par un mode dérivé.

La possession est un fait juridique. Le possesseur a un comportement à l'égard d'une chose comme s'il en était le propriétaire. Il exerce les attributs du droit de propriété. La possession doit être continue, paisible, publique, non équivoque et de bonne foi. Quand elle présente ces qualités elle est acquisitive de la propriété.

Le transfert de propriété d'un droit de propriété par succession, testament ou vente est un mode d'acquisition dérivé. Le propriétaire devra apporter la preuve du titre en vertu duquel il est propriétaire. L'acquisition par contrat est un acte juridique. Le transfert de propriété s'opère lors de la conclusion du contrat lorsque les parties sont d'accord sur la chose et le prix.

Application. En l'espèce, le patrimoine de Bernard Pinaud a été constitué par différents modes d'acquisition :

- Modes dérivés : par contrat, lors de l'achat des maisons qu'il a ensuite rénovées, par héritage (immeubles de son oncle), par donation (les terres de Bernadette) et par legs (maison de Bernadette).
- Modes originaires : la construction d'un immeuble (absence de transfert de propriété, c'est une création).

5 Melvin

Compétence attendue

Analyser les droits et les obligations de l'usufruitier et du nu-propriétaire

Décryptage des compétences

Le candidat doit connaître les droits et les obligations du nu-propriétaire et de l'usufruitier ainsi que les causes et les effets de l'extinction de l'usufruit.

1. Qualifiez juridiquement la situation.

Qu'est-ce que l'usufruit ?

Principes juridiques. L'usufruit est un démembrement de la propriété. L'usufruit est le droit de jouir des choses dont un autre a la propriété comme le propriétaire lui-même, à la charge d'en conserver la substance.

Application. En l'espèce, la mère de Melvin a le droit de jouissance de la maison familiale.

2. Précisez les statuts de Melvin et de Clara.

Quelles sont les parties à l'usufruit ?

Principes juridiques. L'usufruit met en présence deux acteurs : l'usufruitier et le nu-propriétaire. L'usufruitier a le droit de jouir de la chose comme s'il en était propriétaire. Le nu-propriétaire dispose de l'abusus.

Application. En l'espèce, la mère de Melvin et usufruitière. Melvin, qui a hérité de la maison familiale de son père est nu-propriétaire.

3. Identifiez la ou les personne(s) qui devront renouveler le contrat d'assurance habitation qui arrive à échéance.

Quelles sont les obligations des parties à l'usufruit ?

Principes juridiques. L'usufruitier doit dresser un inventaire des immeubles dont il a l'usufruit, a l'obligation de jouir en personne raisonnable du bien, doit payer les charges usufructuaires et doit entretenir le bien.

Le nu-propriétaire ne doit pas nuire aux droits de l'usufruitier et effectuer les grosses réparations.

Application. En l'espèce, en matière d'assurance habitation, chacun devra couvrir les risques inhérents à son statut : la mère de Melvin, usufruitière comme occupant les lieux, et Melvin, nu-propriétaire en assurant les murs et la responsabilité civile liée à l'immeuble.

4. Qui devra acquitter les impôts fonciers ?

Recherche. Article 1400, II du Code général des impôts

Principes juridiques. L'usufruitier jouit des revenus de l'immeuble et dispose d'un droit réel immobilier. Il doit donc régler les impôts fonciers.

Application. En l'espèce, La mère de Melvin devra acquitter les impôts fonciers. Une convention entre Melvin et sa mère peut en disposer autrement.

5. Précisez si Clara peut conclure un contrat de location.

Principes juridiques. L'usufruitier a le droit de jouissance de l'immeuble : l'*usus* et le *fructus*. Il peut habiter l'immeuble et en tirer les fruits. Il peut passer des actes concernant l'immeuble.

Application. En l'espèce, la mère de Melvin peut donner une partie de la maison en location. Elle percevra les loyers.

6. Identifiez qui doit prendre en charge les travaux de réfection de la toiture.

Principes juridiques. Le nu-propriétaire est tenu d'effectuer les grosses réparations. L'usufruitier n'est tenu qu'aux réparations d'entretien.

Application. En l'espèce, Melvin devra procéder aux réparations et ne pas laisser dépérir l'immeuble.

7. Déterminez si Melvin peut prendre une telle décision.

Quels sont les droits des parties à l'usufruit ?

Principes juridiques. L'usufruitier a le droit de jouir du bien comme s'il en était propriétaire, a des pouvoirs de gestion du bien et peut céder son usufruit.

Le nu-propriétaire peut disposer de son droit, intenter des actions en justice pour le faire respecter, surveiller l'usufruit et bénéficier des produits (à différencier des fruits).

Application. En l'espèce, la mère de Melvin peut vendre son usufruit, Melvin peut vendre la nue-propriété. Pour vendre l'immeuble il faut réunir les attributs du droit de propriété, par conséquent Melvin devra se mettre d'accord avec sa mère pour procéder à la vente de la maison.

6 Briac

Compétence attendue **Analyser** les limites du droit de propriété

Décryptage des compétences

Le candidat doit distinguer et définir les limites que forment l'abus de droit et les troubles de voisinage.

1. Analysez l'argument du voisin de Briac.

Quels sont les attributs du droit de propriété ?

Principes juridiques. Le droit de propriété est le plus complet des droits réels. La propriété est le droit de jouir et de disposer des choses de la manière la plus absolue, pourvu qu'on n'en fasse pas un usage prohibé par les lois ou les règlements. Le propriétaire a le droit d'user de la chose, d'en tirer des fruits et d'en disposer juridiquement ou matériellement.

Application. En l'espèce, Le voisin de Briac est propriétaire. Il dispose du droit le plus complet et en particulier d'utiliser les lieux comme il l'entend dans le respect des lois et règlements.

2. Identifiez le fondement juridique sur lequel Briac peut s'appuyer pour mettre fin à la situation subie. Justifiez votre réponse.

Quelles sont les limites jurisprudentielles liées à l'exercice du droit de propriété ?

Principes juridiques. L'exercice du droit de propriété peut être entravé quand il est abusif – c'est l'abus de droit – ou lorsqu'il cause un trouble anormal de voisinage.

Dans le cas de l'abus de droit, le propriétaire peut commettre une faute en restant dans les limites légales apparentes de son droit de propriété mais en l'utilisant de façon abusive. Pour obtenir réparation la victime devra apporter la preuve de l'existence de cette faute, d'un dommage et d'un lien de causalité.

Nul ne doit causer à autrui un trouble anormal de voisinage, le trouble anormal de voisinage est une contrainte liée au voisinage et provoqué sans qu'il y ait une faute de la part du propriétaire. Le caractère anormal est apprécié par les juges.

Application. En l'espèce, le comportement des voisins de Briac ne relève pas de l'abus de droit mais d'un trouble anormal de voisinage. Briac peut se fonder sur cette qualification pour demander la cessation des agissements, voire des dommages-intérêts. Les juges apprécieront le caractère anormal.

Préparer l'épreuve

7 Situation pratique : cas Xavier

Compétence attendue **Analyser** les limites du droit de propriété

Qualifiez les éventuelles atteintes au droit de propriété de Xavier.

Quelles sont les limites jurisprudentielles liées à l'exercice du droit de propriété.

Principes juridiques. L'exercice du droit de propriété peut être entravé quand il est abusif – c'est l'abus de droit- ou lorsqu'il cause un trouble anormal de voisinage.

Dans le cas de l'abus de droit, le propriétaire commet une faute en utilisant les prérogatives de son droit de façon abusive. Pour obtenir réparation la victime devra apporter la preuve de l'existence de cette faute, un dommage et un lien de causalité.

Nul ne doit causer à autrui un trouble anormal de voisinage. Tout voisinage provoque des contraintes mais dans certaines situations, celles-ci excèdent la commune mesure. Cette contrainte liée au voisinage, provoqué sans qu'il y ait une faute de la part du propriétaire engage sa responsabilité. Le caractère anormal est apprécié par les juges.

Application. En l'espèce, l'occupant de l'appartement de l'étage du dessus de celui de Xavier qui arrose ses plantes et l'installation d'une pizzeria au rez-de-chaussée constituent des troubles anormaux de voisinage. Xavier pourra saisir le tribunal et les juges apprécieront le caractère anormal de ces contraintes. Ils examineront en particulier l'installation du système d'extraction des odeurs de la pizzeria et l'autorisation administrative délivrée pour les soirées *happy hours* ainsi que le règlement de copropriété de l'immeuble.

8 Commentaire de document : Flohic éditions

Compétence attendue **Analyser** les prérogatives du propriétaire

1. Rappelez les faits invoqués par le Cour de cassation.

Les soeurs Massip, demanderesses sont copropriétaires d'un immeuble dont la photographie a été publiée dans une revue par la société Flohic éditions, défendeur. Cette photographie était accompagnée de précisions localisatrices, historiques et architecturales. Le consentement préalable des propriétaires n'a pas été sollicité.

2. Formulez le problème de droit posé à la Cour de cassation.

Le problème porte sur le droit à l'image du propriétaire d'un immeuble sur son bien. La publication d'une photographie de cet immeuble, sans l'autorisation préalable des propriétaires constitue-t-elle une atteinte au droit de jouissance du propriétaire sur son bien ?

3. Communiquez à M. Lebaron les conclusions de l'arrêt qui permettent de l'éclairer sur le droit à l'image portant sur son bien.

Principes juridiques. En cas de reproduction de l'image d'un bien, le trouble anormal de voisinage consiste soit dans la perturbation de la tranquillité et l'intimité, soit dans la menace effective d'un trouble en raison des indications de situation géographique accompagnant la reproduction du bien.

Dans son arrêt du 5 juillet 2005 (*Massip c/Flohic éditions*), la première chambre civile de la Cour de cassation pose que le propriétaire d'une chose ne dispose pas d'un droit exclusif sur l'image de celle-ci. Il ne peut s'opposer à l'utilisation d'une photographie de celle-ci par un tiers que si elle lui cause un trouble anormal.

Application. En l'espèce, il appartient donc à M. Lebaron de montrer que la publication de la photographie de son château dans une revue lui a causé un trouble anormal.

CHAPITRE 11 Les applications particulières de la propriété

Évaluer les savoirs

1 QCM

1. c. Les murs ne font pas partie du fonds de commerce. C'est un bien meuble et il est composé principalement d'éléments incorporels dont la clientèle, élément essentiel.

2. a, b, d, e, f. Le fonds de commerce est composé d'éléments corporels et incorporels. L'immeuble n'en fait pas partie. Il est la propriété du commerçant ou fait l'objet d'un bail commercial.

3. a, b. La clientèle existe au premier client, disparaît en l'absence de clients. La clientèle est personnelle au commerçant. Elle est en relation d'affaires avec le commerçant.

4. b, d, f. Le locataire d'un bail commercial est commerçant. Il exerce son activité dans un immeuble. Le bail commercial a une durée minimum de 9 ans, il n'y a pas de maximum.

5. c. La propriété industrielle s'applique aux brevets, marques, dessins, modèles. Elle est une des branches de la propriété intellectuelle, avec la propriété littéraire et artistique. Les logiciels font l'objet d'un régime de protection particulier.

6. c, d. Les brevets et les marques sont protégés par l'action en contrefaçon. La contrefaçon est un délit civil et pénal.

2 Jean-Pierre Jean

1. Déterminez qui percevra les droits d'auteur et pendant combien de temps.

Principes juridiques. L'auteur a le droit d'exploiter son œuvre sa vie durant. À son décès, ce droit persiste au bénéfice de ses ayants droit pendant l'année civile en cours et les 70 ans qui suivent.

Application. En l'espèce, la veuve du chanteur et ses enfants percevront des droits d'auteur sur le disque posthume pendant l'année civile en cours et les 70 ans qui suivront.

2. Précisez si les héritiers peuvent s'y opposer et, si oui, comment.

Principes juridiques. Les héritiers sont les ayants droit de l'auteur pendant 70 ans. Ils sont subrogés dans les droits de l'auteur pour défendre son œuvre. Ils défendent le droit moral et les droits patrimoniaux. Le droit moral est perpétuel. Il est composé du droit au respect du nom et de la qualité de l'œuvre, et au respect de l'œuvre. Les droits patrimoniaux sont cessibles et composés du droit de reproduction et de représentation.

Application. En l'espèce, les héritiers du chanteur peuvent défendre le droit au respect de l'œuvre telle qu'elle a été créée, autoriser ou non sa reproduction et/ou sa représentation. S'ils l'autorisent ils percevront des droits d'auteur.

Maîtriser les compétences

3 La Grande Librairie

Compétence attendue **Identifier** les éléments constitutifs du fonds de commerce

Décryptage des compétences

Le candidat doit être capable :
- de définir un fonds de commerce ;
- d'énumérer ;
- d'expliquer les éléments principaux corporels et incorporels nécessaires au développement d'une activité commerciale.

La clientèle étant l'élément essentiel du fonds de commerce, le candidat doit la caractériser pour qu'elle soit reconnue comme telle.

1. Précisez le(s) contrat(s) que M. Bouquin devra conclure.

Quels sont les éléments du fonds de commerce ?

Principes juridiques. Le fonds de commerce a pour objet l'exercice d'une activité commerciale. Il se définit comme l'ensemble des éléments, biens meubles corporels et incorporels réunis et organisés en vue d'exploiter une clientèle à des fins commerciales.

Les éléments corporels sont le matériel et les marchandises. Ces dernières sont l'objet de l'exploitation. La clientèle est l'élément incorporel essentiel, d'autres éléments incorporels la servent : le nom commercial, l'enseigne, les droits de propriété industrielle et le droit au bail.

Application. En l'espèce, M. Bouquin exerce son activité commerciale dans un local qui lui appartient. D'une part, M. Bouquin va conclure un contrat de vente avec l'acheteur de son immeuble. D'autre part, il vend son fonds de commerce de librairie composé de sa clientèle, son nom, son enseigne, son stock et son matériel. Les deux acquéreurs peuvent être différents.

2. Identifiez les éléments qui feront l'objet de la vente du fonds de commerce de M. Page.

Principes juridiques. Les règles applicables sont similaires à la question précédente.

Application. En l'espèce, M. Page est propriétaire de son fonds de commerce de librairie. Il vend à M. Lafeuille sa clientèle, son nom, son enseigne, son droit au bail, c'est-à-dire le droit d'occuper les lieux et de renouveler le bail commercial.

3. Déterminez à quel moment le fonds de commerce d'Hamit existera et précisez-en les éléments constitutifs.

Principes juridiques. Le fonds de commerce se définit comme l'ensemble des éléments, biens meubles corporels et incorporels réunis et organisés en vue d'exploiter une clientèle à des fins commerciales. La clientèle détermine l'apparition du fonds de commerce. Le fonds de commerce est constitué dès la première opération. (Ses éléments sont détaillés dans la réponse à la question 1.)

Application. En l'espèce, Le fonds de commerce d'Hamit naît dès la première vente à un client. Il est composé de sa clientèle, son nom, son enseigne, son matériel et ses stocks de livres. La maison qu'il a rénovée ne fait pas partie du fonds de commerce.

4 Jules Verne

Compétence attendue — **Étudier** le bail commercial, la protection du locataire-preneur et les obligations du propriétaire

1. Déterminez si les clauses du bail sont conformes aux dispositions légales. Dans le cas contraire, émettez une nouvelle proposition de rédaction.

Quelles sont dispositions en matière de déspécialisation du bail commercial ?

Principes juridiques. Les dispositions du bail commercial sont d'ordre public. Le bail est conclu selon une destination inscrite au contrat. Il y a deux formes de déspécialisation possibles. La déspécialisation simple est le cas d'un ajout d'une activité connexe ou complémentaire à l'activité initiale. Le bailleur en est informé et il ne peut pas s'y opposer. La déspécialisation totale est l'exercice dans les locaux loués d'une activité différente de celle prévue au bail. Cette déspécialisation est possible si elle est justifiée par l'activité économique et les nécessités de l'organisation économique de la distribution, compatible avec les caractéristiques de l'immeuble, et ne se heurte pas à un motif grave et légitime permettant au bailleur d'opposer un refus. La demande doit être adressée au bailleur qui informe les créanciers inscrits sur le fonds et ses éventuels preneurs impactés par le projet.

Application. En l'espèce, l'article 6 n'est pas conforme. Le bailleur ne peut pas interdire la déspécialisation simple.

Comment le loyer d'un bail commercial est-il fixé ?

Principes juridiques. Le bailleur est tenu de verser un loyer au terme convenu. En cours d'exécution, le loyer fait l'objet, en principe, d'une révision triennale. Cette révision permet de fixer le loyer à la valeur locative. La valeur locative est déterminée par accord des parties ou par un expert qui prend en compte divers facteurs (caractéristiques du local considéré, destination des lieux, nature du commerce, référence aux obligations respectives des parties, facteurs locaux de commercialité, prix couramment pratiqués dans le voisinage). La variation de loyer ne peut pas, en principe, excéder la valeur de l'indice trimestriel des loyers commerciaux publié par l'Institut national de la statistique et des études économiques (Insee).

Application. En l'espèce, le loyer ne peut être augmenté qu'à la fin d'une période triennale, par un accord entre les parties et selon les règles de détermination légales. L'article 31 n'est pas conforme.

Les articles 6 et 31 doivent donc soit faire référence à la loi, celle-ci étant d'ordre public, soit faire l'objet d'une nouvelle rédaction.

Propositions de rédaction

- Article 6

« La déspécialisation du bail, partielle ou totale, doit être conforme aux dispositions légales et respecter les règles procédurales en application de l'article L. 147-15 du Code de commerce ».

- Article 31

« Les loyers ne peuvent être révisés qu'à la demande de l'une ou de l'autre des parties. La demande en révision ne peut être formée que trois ans au moins après la date d'entrée en jouissance du locataire ou après le point de départ du bail renouvelé. La révision du loyer prend effet à compter de la date de la demande en révision. La majoration ou la diminution du loyer consécutive à une révision triennale ne peut excéder la variation de l'indice trimestriel des loyers commerciaux publié par l'Insee ».

2. Précisez si Paul peut développer les deux activités dans le local qu'il loue.

Principes juridiques. Les règles de déspécialisation ont été précédemment énoncées.

Application. En l'espèce, la vente de livres pour adultes s'ajoutant à l'activité initiale de vente de livres pour enfants est une déspécialisation simple. Paul devra simplement en informer son bailleur.

L'activité de galerie d'art ne peut pas être qualifiée de connexe. Son développement nécessite l'information du bailleur qui informera les créanciers, qui ont des droits sur le fonds de Paul et les éventuels autres locataires preneurs concernés. L'examen de la compatibilité de l'immeuble intégrant cette nouvelle activité ainsi que l'analyse de la conjoncture économique du marché du livre (peu favorable aux libraires indépendants) et des dispositions du contrat initial conduiront à satisfaire ou non la demande de Paul.

3. Analysez la possibilité, pour Paul, de procéder à ces changements dans les mêmes locaux.

Quelles sont les obligations des parties au bail commercial.

Principes juridiques. Le bailleur met l'immeuble à disposition du preneur, il l'entretient. Il assure au locataire une jouissance paisible des lieux, en garantit l'usage.

Le locataire preneur exploite le fonds en personne raisonnable et conformément à la destination inscrite au bail.

Application. En l'espèce, les locaux sont la propriété du bailleur. Le droit de propriété est composé des trois attributs : *usus*, *fructus* et *abusus*. Par le bail le propriétaire transfère l'usus au locataire. Ce dernier ne saurait faire des aménagements sans en référer au propriétaire.

5 Commentaire de document : SARL Bacchus

Compétence attendue

Étudier le bail commercial, la protection du locataire-preneur et les obligations du propriétaire

1. Déterminez la nature juridique du document. Identifiez et qualifiez les parties.

Il s'agit d'un contrat de bail commercial. Le bail commercial est un contrat de location d'un local dans lequel un commerçant inscrit au RCS exploite son fonds. Les parties sont Pierre Lagarde, propriétaire du local ayant la qualité de bailleur, et la SARL Bacchus, locataire ayant la qualité de preneur, représentée par Margaux Briand.

2. Justifiez la date de fin du contrat stipulée à l'article premier.

Un bail commercial est d'une durée minimale de 9 ans. Toute clause contraire est réputée non écrite, ces dispositions étant d'ordre public.

3. Précisez dans quelle limite et à quelles dates le loyer prévu à l'article 9 pourra être modifié.

Principes juridiques. En l'absence de clause d'indexation, le loyer stipulé dans un bail commercial peut être révisé tous les trois ans, à la demande de l'une des parties.

Application. En l'espèce, le loyer pourra être révisé au 1er décembre N + 3 et au 1er décembre N + 6.

La révision intervient dans la limite de l'évolution de l'indice des loyers commerciaux publié par l'Insee.

Il est possible d'aller au-delà de cette limite dans deux hypothèses :
- la modification des facteurs locaux de commercialité ayant entraîné une variation de la valeur locative de plus de 10 % ;
- la déspécialisation.

4. Qualifiez et précisez l'intérêt de la clause contenue à l'article 15 du contrat.

L'article 15 du contrat est une clause résolutoire.

Qu'est-ce qu'une clause résolutoire ?

Principes juridiques. Une clause résolutoire est une clause de style. Il s'agit d'une clause par laquelle il est mis fin au contrat lorsque survient un événement déterminé.

Cette clause permet de mettre fin au contrat sans qu'il soit nécessaire de recourir au juge.

Une ordonnance de référé est rendue par le juge des référés qui rend une décision sous forme d'ordonnance, dont la valeur n'est que provisoire et qui n'est pas dotée de l'autorité de la chose jugée. L'ordonnance de référé ne tranche donc pas l'entier litige. Le juge des référés peut accorder une provision sur la créance.

Application. En l'espèce, il s'agit de mettre fin au contrat en cas de non-paiement du loyer par le preneur ou de non-respect d'une des conditions du bail.

6 Les Chocolats de Marc

Compétences attendues

- **Vérifier** les conditions de protection par le brevet, la marque ou le droit d'auteur
- **Justifier** les actions possibles en cas d'atteinte à un droit de propriété intellectuelle

Identifiez les droits de propriété et vérifiez, pour chacun, si les conditions de protection sont réunies. Dans le cas contraire, précisez les actions à mettre en œuvre par Marc.

Quelles sont les conditions de fond de protection d'un brevet ?

Principes juridiques. Le brevet est un titre délivré par l'Inpi qui protège une solution technique et confère un monopole d'exploitation. Pour être brevetable, outre la solution technique à un problème technique, l'invention doit être nouvelle : elle ne doit pas avoir été rendue publique. Elle doit avoir un caractère inventif : ne pas découler de manière évidente de l'état de la technique pour un homme de métier. Elle est susceptible d'application industrielle : être fabriquée dans toute industrie. Enfin, elle doit être conforme à l'ordre public.

Application. En l'espèce, Marc applique une technologie inspirée des méthodes suisses. Il importe d'examiner le niveau de cette « inspiration ». Cette technique est-elle reproduite ? Légèrement modifiée ? Ou profondément révisée ? Il appartiendra à l'Inpi d'examiner ces éléments si Marc décide de déposer une demande de brevet.

Quelles sont les conditions de fond de protection d'une marque ?

Principes juridiques. La marque est un signe qui permet de distinguer un produit ou un service de ceux offerts par la concurrence. Pour être protégée, la marque doit présenter des qualités. Elle doit être licite : non contraire à l'ordre public. Elle ne doit pas être déceptive : ne pas tromper les clients. Elle doit être distinctive, non simplement descriptive ou figurative. Enfin, elle doit être disponible et ne pas porter atteinte aux droits antérieurs, sauf si elle concerne un produit ou une branche différente.

Application. En l'espèce, Marc pourrait demander à protéger ses marques. Elles présentent un caractère distinctif, ne peuvent pas être déceptives puisqu'elles n'évoquent pas une qualité ou une origine et ne sont pas de nature à tromper le consommateur. Une recherche d'antériorité sera nécessaire afin d'examiner si cette marque a déjà fait l'objet d'un dépôt dans le métier de chocolatier.

Quelles sont les conditions de protection d'un livre ?

Principes juridiques. Un livre est une œuvre de l'esprit protégée par le droit d'auteur. La protection naît de la création et ne nécessite aucune formalité. La preuve de la qualité d'auteur appartient, sauf preuve contraire, à celui sous le nom duquel l'œuvre est divulguée. Il s'agit d'une présomption simple et la preuve contraire peut être apportée.

Application. En l'espèce, Marc pourra apporter, par tous moyens (documents, témoignages, présomption de fait), la preuve qu'il est l'auteur du livre publié.

La présomption de fait est celle par laquelle le juge forge librement sa conviction.

Préparer l'épreuve

7 Situation pratique : Tif'Annie

Compétence attendue — **Identifier** les éléments constitutifs du fonds de commerce

Conseillez Annie Letif.

Quelles sont les conditions de protection de la marque ?

Principes juridiques. La marque est un signe qui permet de distinguer un produit ou un service de ceux offerts par la concurrence. Pour être protégée, la marque doit présenter des qualités. Elle doit être licite : non contraire à l'ordre public. Elle ne doit pas être déceptive : ne pas tromper les clients. Elle doit être distinctive, non simplement descriptive ou figurative. Enfin, elle doit être disponible et ne pas porter aux droits antérieurs, sauf si elle concerne un produit ou une branche différente en application du principe de spécialité.

La marque est protégée par l'action en contrefaçon et l'action en concurrence déloyale. L'action en contrefaçon vise à protéger le droit de propriété. C'est une action civile et pénale. L'action en concurrence déloyale est exercée contre un concurrent en cas de création d'un risque de confusion. C'est une action en réparation du dommage subi.

Application. En l'espèce, Annie Letif est titulaire de la marque Tif'Annie dans le domaine de la coiffure de la région des Hauts de France. Tiffany installe un salon de coiffure sous la marque Tiffany. Même si le nom s'écrit différemment il a la même consonance à l'oral, dans le bouche-à-oreille, et il est situé dans le même secteur qu'Annie Letif. Par conséquent, celle-ci peut exercer un recours en protection de sa marque par une action en concurrence déloyale.

En revanche, Tiffanie a ouvert une cave à vins, elle se situe sur un autre marché. En application du principe de spécialité, il n'y a pas d'atteinte aux droits d'Annie Letif.

8 Note de synthèse : Lefebure

Compétence attendue **Étudier** le bail commercial, la protection du locataire-preneur et les obligations du propriétaire

1. Rappelez les conditions du droit au renouvellement du bail commercial.

Le bail commercial est un contrat de location d'un local commercial entre un preneur (le commerçant) et un bailleur (le propriétaire des lieux).

Le contrat est conclu pour 9 ans. Le preneur bénéficie d'un droit au renouvellement de son bail à plusieurs conditions :

- il doit être propriétaire du fonds qu'il exploite dans les lieux loués ;
- il doit être immatriculé au RCS.
- le fonds doit être réellement exploité conformément aux stipulations du bail ;
- le fonds doit avoir été exploité pendant les trois années qui précèdent la date d'expiration.

2. Formulez le problème juridique dans cette affaire.

Le cas qui nous est soumis concerne un bail entre Paul Lefebure et la Société des Courses marseillaise pour la concession exclusive de l'installation d'un buffet buvette.

Cette activité est limitée à l'enceinte du champ de courses et réduite aux journées de réunions hippiques. Ce contrat a été conclu pour une durée de 9 ans et arrive à expiration. La Société des Courses marseillaises ne souhaite pas renouveler le bail. Monsieur Lefebure estime bénéficier d'un bail commercial et avoir donc droit au renouvellement.

Le problème porte sur les conditions de renouvellement d'un bail commercial et plus particulièrement sur l'existence et l'exploitation d'un fonds de commerce.

L'exploitant d'une buvette d'un champ de courses ouverte les jours de réunions hippiques est-il propriétaire d'un fonds de commerce ? Peut-il à ce titre bénéficier des dispositions relatives aux baux commerciaux ?

3. Identifiez les parties et rappelez les faits soulevés dans l'arrêt de la Cour de cassation du 28 mai 2013.

La société Romana, dont la gérante est Mme X a donné en location-gérance à la société Queeky une pizzeria exploitée dans des locaux dépendant d'un port de plaisance géré par la Société Yacht Club. Au terme de ce contrat, la société Queeky, s'est maintenue dans les lieux. La société Romana, demandeur souhaite la restitution du fonds par la société Queeky, défendeur.

4. Identifiez le problème de droit.

Quand une clientèle est-elle propre ?

5. Analysez la réponse apportée par la Cour de cassation.

Principes juridiques. Le caractère propre de la clientèle suppose que la clientèle attachée au fonds est distincte de celle d'un autre fonds.

Application. En l'espèce, il s'agit de se poser la question de savoir si la clientèle de la pizzeria est distincte de celle du port de plaisance.

6. Appliquez ce raisonnement au cas de M. Lefebure dans une note structurée d'une dizaine de lignes.

Principes juridiques. Un bail commercial est un contrat entre un commerçant (preneur) et un bailleur (propriétaire des lieux). Le renouvellement du bail à échéance est un droit. Le commerçant exploite un fonds de commerce dans les lieux loués. L'existence d'un fonds de commerce suppose la présence d'un élément essentiel : une clientèle personnelle à l'exploitant. La clientèle doit être rattachée en propre au titulaire du fonds.

Dans son arrêt du 28 mai 2013, la Cour de cassation est amenée à se prononcer sur l'existence d'une clientèle d'une pizzeria exploitée dans les locaux dépendant d'un port de plaisance. Pour répondre à ce problème, la Cour retient qu'il importe de rechercher si la clientèle de la pizzeria est distincte de celle du port de plaisance.

Application. En l'espèce, M. Lefebure bénéficie-t-il d'un bail commercial ? Exploite-t-il un fonds de commerce ? Le buffet buvette de M. Lefebure a-t-il une clientèle distincte de celle de la Société des Courses marseillaises ? A-t-il un fonds de commerce ?

La réponse est négative puisque cette activité est limitée aux jours où se tiennent les réunions hippiques. Ainsi, les clients du buffet-buvette se rendent sur les lieux pour assister aux manifestations hippiques et non pour se restaurer chez M. Lefebure. En conséquence, M. Lefebure n'exploite pas de fonds de commerce et ne peut pas bénéficier de la législation des baux commerciaux et du droit au renouvellement de son bail.

1 Situations pratiques

1. Recommanderiez-vous à Rémi de signer un contrat de mariage chez le notaire.

NOTRE CONSEIL

N'hésitez pas à représenter les situations sous forme schématique.

Quelle est la situation patrimoniale du commerçant ?

Principes juridiques. En application du principe d'unicité du patrimoine, l'ensemble du patrimoine du commerçant répond des dettes professionnelles à l'exception de sa résidence principale.

D'où l'importance du choix du régime matrimonial. Il existe deux principaux régimes.

Le régime légal s'applique en l'absence de contrat de mariage. Dans ce régime on distingue les biens propres acquis avant le mariage et les biens communs acquis après le mariage. Les dettes et les bénéfices de l'exploitation entrent en communauté. Ce régime de la communauté autorise un créancier à poursuivre le paiement d'une créance sur les biens propres du commerçant et l'ensemble des biens communs des époux.

Le régime de la séparation est organisé par un contrat de mariage. Chaque époux est propriétaire des biens qu'il a acquis avant et après le mariage. Il n'y a pas de biens communs. Dans cette hypothèse, l'époux commerçant et propriétaire du fonds de commerce l'administre et en dispose seul. Il perçoit les bénéfices et supporte seul les pertes.

Application. En l'espèce, Julie dispose de quelques économies et d'un appartement. En conséquence, Julie peut subir sur ses biens les conséquences des difficultés professionnelles rencontrées par Rémi dans la gestion de son commerce. Pour éviter une telle situation, les époux peuvent adopter le régime de la séparation des biens et conclure un contrat de mariage. Dans cette hypothèse, Rémi administre et dispose seul de son fonds de commerce. Il perçoit seul les bénéfices et supporte seul les pertes. Ce régime apporte donc une grande sécurité aux époux.

2. Conseillez Julie pour le choix d'un statut.

Quel est le statut du conjoint d'un commerçant ?

Principes juridiques. Lorsque deux conjoints travaillent ensemble dans le même commerce, l'un est commerçant, l'autre devra choisir un statut. Il a le choix entre 3 statuts.

Le statut de conjoint collaborateur s'applique à tout conjoint qui collabore effectivement à l'entreprise familiale et qui en fait mention au RCS. Cette collaboration n'est pas en principe rémunérée et le conjoint ne doit pas avoir la qualité d'associé. Le statut de conjoint salarié, statut par défaut suppose que le conjoint participe effectivement à l'activité commerciale à titre professionnel et habituel. Il doit recevoir une rémunération au moins égale au SMIC et être subordonné à son époux. Le conjoint bénéficie de l'application des règles du droit du travail et profite des prestations de la sécurité sociale et du droit à pension des salariés. Le salaire du conjoint est déductible du bénéfice imposable. Le statut de conjoint associé est réservé aux époux qui constituent une société familiale.

Application. En l'espèce, Julie souhaite aider son époux et le remplacer lorsqu'il part en reportage. Il serait souhaitable qu'elle adopte un statut lui permettant de prendre des décisions en l'absence de Rémi. Elle va également s'occuper de la gestion du fonds. En conséquence, le statut de conjoint collaborateur est le plus adapté.

3. Identifiez la protection juridique la plus appropriée au cas de Dominique.

Quels sont les régimes de protection des majeurs ?

Principes juridiques. Les majeurs qui souffrent d'une altération de leurs facultés peuvent bénéficier d'une protection juridique. Il existe trois régimes principaux de protection : la sauvegarde de justice, la curatelle et la tutelle.

La sauvegarde de justice est une protection a posteriori. Le majeur garde l'exercice de ses droits. Ses actes peuvent être frappés de rescision pour lésion ou de réduction pour excès.

Le majeur en curatelle bénéficie de l'assistance ou du contrôle d'un curateur dans les actes importants de la vie civile.

La tutelle concerne la personne qui a besoin d'être représentée de manière continue dans la vie civile.

Application. En l'espèce, la tutelle semble être le régime le plus adapté au cas de Dominique qui ne peut effectuer aucun acte seul dans l'immédiat. La tutelle dure 5 ans au maximum. Elle peut être renouvelée. Cependant, si la situation de Dominique s'améliore, sa protection pourra être allégée ou supprimée.

4. Indiquez à Dominique les démarches à entreprendre.

Quelle est la procédure de mise sous un régime de protection d'un majeur ?

Principes juridiques. La demande de protection est effectuée auprès du juge des contentieux de la protection. Elle doit émaner d'une personne autorisée : la personne elle-même, un membre de sa famille ou le procureur de la République. Elle est accompagnée d'un certificat circonstancié rédigé par un médecin choisi sur une liste établie par le Procureur de la République.

Application. En l'espèce, Julie peut demander le placement de son frère sous un régime de protection en présentant un certificat médical d'un médecin figurant sur la liste du procureur de la République.

2 Photo & co.

Développez une réponse argumentée et structurée à l'attention des trois potentiels futurs associés quant à l'intérêt de créer une société, personne morale.

Principes juridiques. La personnalité est l'aptitude à être titulaire de droits subjectifs et débiteurs d'obligations. La personnalité juridique est attribuée à tout être humain, les personnes physiques et aux personnes morales. Après avoir défini cette notion, nous présenterons la capacité juridique.

Une personne morale est un sujet de droit distinct des personnes qui la composent et auquel le droit a attribué ce statut.

La capacité se compose de la capacité de jouissance et de la capacité d'exercice.

La capacité de jouissance est encadrée par une double limite. La nature de la personne morale (société, association…) détermine le champ de la capacité de jouissance autrement dit des droits et des obligations qui y sont attribués. Selon le principe de spécialité la personne morale doit limiter ses opérations à son objet social. Celui-ci résulte de la loi ou des statuts.

La personne morale est une fiction. L'exercice de ses droits suppose l'intervention de personnes physiques agissant pour le compte de la personne morale et ayant reçu pouvoir à cet effet. Ces personnes ou organes assurent le fonctionnement de la personne morale et l'engagent vis-à-vis des tiers.

Application. En l'espèce, Rémi, Julie et leur ami ont intérêt à créer une société. La capacité de cette société sera limitée à l'objet défini. Les intéressés désigneront, parmi eux, un gérant qui agira au nom de la société.

❸ Note

En vous appuyant sur le dossier documentaire, rédigez, à l'attention de Rémi, Julie et de leur ami, une notre d'une dizaine de lignes précisant si un franchisé dispose de sa propre clientèle et montrant l'intérêt de la décision de la Cour de cassation pour les trois créateurs.

La franchise est un contrat par lequel un commerçant (le franchiseur) concède à un autre commerçant (le franchisé) le droit d'utiliser tout ou partie des droits incorporels lui appartenant (nom commercial, marque) généralement contre le versement d'un pourcentage calculé sur le chiffre d'affaires ou les bénéfices.

Le problème juridique soulevé est le suivant : un franchisé a-t-il une clientèle ?

Dans un arrêt du 27 mars 2002, la Cour de cassation a été amenée à étudier cette question. Les faits étaient les suivants :

Dans cette affaire, les consorts Z, propriétaires de locaux à usage commercial, ont conclu un bail avec la société Climatex. Ce bail a été reconduit au profit de Conforts Service. Cette dernière a conclu un contrat de franchise avec Conforama, magasin exploité par les époux X. Les consorts Z ont notifié à Confort service un congé avec refus de renouvellement et indemnité d'éviction. Le litige oppose les époux X, demandeurs, aux consorts Z, défendeur.

La Cour de cassation relève que la clientèle de la franchise, même si elle est attachée à la notoriété de la marque, n'existe que du fait des moyens mis en œuvre par le franchisé, les éléments corporels et incorporels, en particulier le bail. Cette clientèle est créée par l'activité du franchisé qui conclut des contrats à titre personnel et met en œuvre des moyens à ses risques et périls. La disposition des éléments constitutifs du fonds du franchisé a, de surcroît, été reconnue par le franchiseur. En conséquence, le franchisé, les époux X, ont une clientèle attachée au fonds et peuvent bénéficier du droit au renouvellement du bail et à l'indemnité d'éviction en cas de refus du bailleur.

Ainsi, pour bénéficier d'un renouvellement de bail et d'une indemnité d'éviction, le bail doit être commercial. Une des conditions du bail commercial est l'exploitation dans les lieux d'un fonds de commerce. L'existence d'un fonds de commerce suppose celle d'une clientèle : pas de clientèle, pas de fonds de commerce. La question est de savoir si un franchisé a une clientèle.

NOTRE CONSEIL

Commencez par une lecture physique de l'arrêt : repérez les paragraphes, et la ponctuation

Afin de ne pas paraphraser l'arrêt, vous devez vous l'approprier en le lisant plusieurs fois, en le balisant et en en analysant chaque partie.

N'hésitez pas à schématiser les liens juridiques entre les parties.

CHAPITRE 12 La formation du contrat

Évaluer les savoirs

1 QCM

1. a, b, c. Contrat et convention sont synonymes. Depuis la réforme de 2016, le mot contrat a été substitué au terme convention. Le mot convention reste utilisé dans la partie non réformée du Code civil. Les actes juridiques sont des manifestations de volonté destinées à produire des effets de droit (C. civ., art. 1100-1).

2. b, c. Les deux réponses sont visées par l'article 1132 du Code civil. L'erreur se définit comme une interprétation inexacte de la réalité ou bien comme une « méprise ».

3. a, b, c, d. La notion de contenu a fait son entrée dans le Code civil à la réforme de 2016. Elle est au cœur de l'article 1101 qui dresse la liste des obligations issues du contrat : créer, modifier, transmettre et éteindre des obligations. Encore faut-il que celles-ci présentent des caractères dont l'objet est de protéger les libertés individuelles.

4. a, b, d. Depuis la réforme de 2016, il ne reste plus que trois conditions de validité du contrat : la cause et l'objet ont disparu. Le mobile n'est pas véritablement une notion de droit civil. La notion qui semble la plus proche est celle de motifs. Les motifs ne sont pas une condition de formation du contrat. Par exception, il est possible de les faire entrer dans le champ contractuel.

5. a. L'ordre public, en droit civil, est un principe selon lequel une règle de droit ne peut être écartée par un contrat parce qu'elle revêt un caractère essentiel au regard de la moralité et de la sécurité juridique.

6. a. La nullité absolue protège l'intérêt public. Elle peut être invoquée par toute personne.

7. a, c, d. La confirmation est la manifestation de volonté d'une personne qui renonce à invoquer la nullité relative d'un contrat. Elle est visée par l'article 1182 al. 1er du Code civil.

2 Erreur, dol ou violence ?

Identifiez le vice de consentement dans les situations suivantes.

1. Dol. Aux termes de l'article 1137 du Code civil, « le dol est le fait pour un contractant d'obtenir le consentement de l'autre par des manœuvres ou des mensonges ». Ici le compteur a fait l'objet de manœuvres.

2. Erreur. L'erreur est une « méprise ». Ici il s'agit d'une erreur-obstacle. La sanction est l'inexistence du contrat.

3. Dol. En raison de manœuvres de la banque, Sienna s'est méprise sur les risques liés au produit acquis.

4. Erreur. L'erreur commise par Oscar ne réside pas dans la manœuvre du candidat. Celui-ci a bien affirmé vouloir obtenir le DCG au terme d'une procédure de validation des acquis de l'expérience (VAE).

5. Violence. Aux termes de l'article 1140 du Code civil, « il y a violence lorsqu'une partie s'engage sous la pression d'une contrainte qui lui inspire la crainte d'exposer sa personne, sa fortune ou celles de ses proches à un mal considérable. » Ici Sophie entend faire chanter Pierre.

3 Code civil et contrats

Classez les contrats suivants en fonction des différents critères retenus par le Code civil.

	Classifications
Contrat de travail	• Contrat consensuel si CDI, sinon, contrat solennel (ex : CDD, travail temporaire). • En principe d'adhésion ; par exception et pour quelques salariés, de gré à gré. • À exécution successive. • Synallagmatique. • À titre onéreux même pour le salarié car il n'est pas libre de son temps. • Commutatif.
Contrat de prêt	• Consensuel ; solennel, par exception, si l'emprunteur est un consommateur (personne physique agissant pour des besoins personnels). Réel si le prêteur est un non-professionnel du crédit. • À exécution successive du moins pour l'emprunteur. • Synallagmatique ; unilatéral, par exception, si le prêteur est un non-professionnel du crédit. • À titre onéreux. • Commutatif même si le taux est variable.
Contrat avec un opérateur téléphonique	• Solennel. • D'adhésion. • À exécution successive. • Synallagmatique. • À titre onéreux. • Commutatif.

Maîtriser les compétences

4 Inès

Compétence attendue **Vérifier** la conclusion du contrat et le **classifier**, dans une situation donnée

Décryptage des compétences

Dans un contexte donné, le candidat doit savoir rechercher les conditions de validité d'un contrat pour apprécier éventuellement les causes de nullité relative ou absolue.

1. Déterminez si le contrat est valablement conclu. Justifiez votre réponse.

Principes juridiques. Un contrat est valablement formé quand les trois conditions suivantes sont réunies : capacité, consentement non vicié et contenu certain et licite.

Application. En l'espèce, on peut raisonnablement penser qu'Inès est capable, du moins rien dans le cas ne laisse présager le contraire. Son consentement n'a pas été vicié. Certes ses amies l'ont influencé mais il ne s'agit pas d'un dol sauf à supposer que les amies sont des agents du vendeur. Le contenu, l'achat du jean, est licite et certain.

2. Identifiez les principes sur lesquels vous vous fonderez pour dissuader Inès de faire opposition.

Principes juridiques. Le principe issu du Code civil est celui de la force obligatoire du contrat. Le contrat légalement formé tient lieu de loi à ceux qui l'ont conclu.

Application. En l'espèce, le contrat étant valablement conclu, Inès doit payer et ne peut pas faire opposition.

5 Gilles

Compétence attendue

Identifier l'existence d'un avant-contrat à travers le pacte de préférence et la promesse unilatérale

Décryptage des compétences

- être capable de reconnaître une situation contractuelle, y compris dans le cadre d'un avant-contrat;
- être capable de déceler les caractéristiques d'une offre et d'une acceptation afin d'identifier la valable formation du contrat et ses conséquences pour chacune des parties.

1. Qualifiez l'engagement de Gilles vis-à-vis de Tatiana et d'Alban.

Qu'est-ce qu'un pacte de préférence ?

Principes juridiques. Le pacte de préférence est un contrat unilatéral par lequel une partie s'engage à proposer prioritairement à un bénéficiaire de traiter avec lui dans l'hypothèse où elle déciderait de contracter.

Application. En l'espèce, Gilles s'est engagé à proposer à ses amis le véhicule dès qu'il aura pris la décision d'accepter l'emploi proposé à Barcelone. Le contrat est un pacte de préférence.

2. Quelles sont les conséquences du contrat conclu avec Félix ?

Quels sont les effets d'un pacte de préférence ?

Principes juridiques. La priorité est maintenue tant que le promettant n'a pas manifesté son intention de contracter ou que le bénéficiaire n'a pas refusé l'offre, à moins que des délais aient été prévus. Celui qui ne respecte pas sa parole engage sa responsabilité civile contractuelle : il devra des dommages-intérêts au bénéficiaire du pacte.

Application. En l'espèce, Gilles ne respecte pas les stipulations du contrat : il devra indemniser Tatiana et Alban.

6 Duprez et Brico

Compétence attendue

Analyser la validité d'un contrat dans son ensemble et d'une clause particulière

Qualifiez les situations et précisez le cas échéant s'il y a vice du consentement.

1. M. Brico

Principes juridiques. Le contrat de vente de parts sociales est entaché de dol quand le vendeur dispose d'une information déterminante pour le consentement de l'acheteur et qu'il ne la lui communique pas. Dans cette hypothèse, le vendeur fait montre d'une réticence dolosive. Le contrat encourt la nullité.

Application. En l'espèce, l'installation d'une enseigne de bricolage concurrente est connue de M. Brico. En n'informant pas les époux Defrance il commet une réticence dolosive et risque de voir ses acheteurs demander la nullité du contrat de cession de parts sociales.

2. Dr Ben

Principes juridiques. L'erreur est une croyance fausse portant sur l'un des termes du contrat. Pour être admise comme vice du consentement, elle doit valider des conditions : elle ne doit pas être inexcusable et elle doit avoir été déterminante. Par ailleurs, il existe plusieurs types d'erreurs, notamment celle portant sur la valeur. Dans ce cas il n'y a pas d'erreur : chacun doit être en mesure d'apprécier la valeur de ce qu'il achète. Par exception, l'erreur sur la valeur est source de nullité quand elle est liée à une mauvaise appréciation des qualités essentielles de la prestation.

Application. En l'espèce, le docteur Ben rencontrera des difficultés pour obtenir la nullité de la vente car l'erreur n'est pas, ici, liée aux qualités essentielles de la prestation. Toutefois, on peut légitimement s'étonner qu'il n'ait pas été informé des travaux de ravalement par son vendeur ou le syndic de copropriété.

3. M. Vincent

Principes juridiques. L'erreur est une croyance fausse portant sur l'un des termes du contrat. Pour être admise comme vice du consentement, elle doit valider des conditions : elle ne doit pas être inexcusable et elle doit avoir été déterminante. Par ailleurs, il existe plusieurs types d'erreurs, notamment celle portant sur la valeur. Dans ce cas il n'y a pas d'erreur : chacun doit être en mesure d'apprécier la valeur de ce qu'il achète. Par exception, l'erreur sur la valeur est source de nullité quand elle est liée à une mauvaise appréciation des qualités essentielles de la prestation.

Application. En l'espèce, l'erreur sur la valeur n'est pas retenue par le droit et M. Vincent ne pourra pas obtenir la nullité du contrat de vente.

4. Société BASL

Principes juridiques. Celui qui obtient le consentement de son cocontractant en le trompant commet un dol. Pour que le dol soit retenu comme vice du consentement, diverses conditions doivent être remplies : le dol s'accompagne de mensonges ou de manœuvres, émanant d'une personne (partie ou tiers au contrat), qui doivent avoir été déterminants dans la formation du consentement de l'autre partie. Il se prouve par tout moyen.

Application. En l'espèce, le technicien a porté des mentions fausses sur son diplôme. Il a commis une tromperie qui a poussé la société BASL à le recruter. Elle a commis une erreur, croyant vrai ce qui était faux. La société pourra demander la nullité du contrat de travail pour dol.

5. Époux Lenglet

Principes juridiques. L'erreur est une croyance fausse portant sur l'un des termes du contrat. Pour être admise comme vice du consentement, elle doit valider des conditions : elle ne doit pas être inexcusable et elle doit avoir été déterminante. Par ailleurs, il existe plusieurs types d'erreurs, notamment celle portant sur les motifs. Cette erreur n'est pas retenue par le droit sauf si les motifs sont entrés dans le champ contractuel.

Application. En l'espèce, les époux Lenglet ont commis une erreur sur les motifs. Ils ne pourront pas obtenir la nullité de la vente et n'échapperont pas au redressement fiscal. Toutefois, il semble avoir acquis ces produits sur les conseils d'un notaire dont ils pourront mettre en cause la responsabilité contractuelle. En effet, le notaire semble avoir failli à son obligation de conseil. Or, cette dernière est une obligation de résultat.

7 Des clauses en suspens à qualifier

Compétence attendue **Expliquer** l'intérêt que présente une clause contractuelle donnée pour les parties

Décryptage des compétences

Le candidat doit comprendre les enjeux de la rédaction d'une clause et peut ainsi déceler son intérêt selon la situation voire proposer judicieusement son intégration dans un contrat. Parallèlement, le candidat doit être capable de repérer une clause non valable et d'en évaluer les conséquences.

Qualifiez les clauses ci-après et montrez leur utilité dans un contrat.

Libellés	Qualification et utilité de la clause
1. En cas de retard de livraison, les pénalités journalières seront de 800 €	• Clause pénale. • Permet de prévoir ce qu'une partie devra payer en cas de défaillance contractuelle.
2. Tous les litiges survenant à propos de ce contrat seront résolus par M. Dupont, arbitre.	• Clause d'arbitrage. • Évite le recours au service public de la justice pour obtenir un gain de temps et plus de confidentialité.
3. Les parties conviennent que le prix du bien variera en fonction du prix de la bauxite	• Clause de variation de prix. • Permet aux parties d'adapter le prix en fonction de la conjoncture économique et évite le recours au droit de l'imprévision.
4. Les parties conviennent que le contrat sera anéanti en cas de pluie dans la première quinzaine du mois d'août	• Clause résolutoire de plein droit. • Permet l'anéantissement du contrat sans recourir au service public de la justice.
5. Tout litige à venir sera de la compétence du tribunal de commerce de Paris	• Clause attributive de juridiction. • Permet de désigner à l'avance un tribunal.
6. La garantie des produits due par le vendeur est limitée soit au remplacement des produits défectueux, soit à la restitution de leur prix, au choix du vendeur, à l'exclusion de toute autre indemnité ou dommage et intérêts.	• Clause limitative de responsabilité. • Permet de diminuer les coûts de sa responsabilité. Clause importante dans les secteurs innovants.
7. M. Page, vendeur, conserve la propriété du bien jusqu'au paiement intégral du prix par Mme Livre, acheteur.	• Clause de réserve de propriété. • Permet de rester propriétaire de la chose jusqu'à son complet paiement. • Évite la loi de concours avec d'autres créanciers.
8. Les parties conviennent qu'en cas d'incident de paiement survenu après deux termes, et sommation sans effet, le contrat sera résilié de plein droit.	• Clause résolutoire de plein droit. • Permet l'anéantissement du contrat sans recourir au service public de la justice.

Préparer l'épreuve

8 Situation pratique : cas Éléonore

Compétences attendues

- **Vérifier** la conclusion du contrat et le **classifier**, dans une situation donnée
- **Analyser** la validité d'un contrat dans son ensemble et d'une clause particulière

Décryptage des compétences

Le candidat doit être capable de caractériser un contrat selon une classification donnée et d'en rechercher les conditions de validité.

1. Repérez les parties et leur qualité.

Les parties sont : le Domaine de Graves, employeur, représenté par M. Lalande, agissant en qualité de gérant et Eléonore Dubarry, la salariée.

2. Classifiez le contrat selon les critères du Code civil

- Contrat solennel : les parties ont conclu un CDD et pour ce type de contrat l'écrit est obligatoire.
- Contrat d'adhésion : en pratique, les clauses sont imposées par l'employeur, surtout au cas d'espèce.
- Contrat à exécution successive : 10 jours.
- Contrat synallagmatique : le contrat comporte un échange (prestations de travail contre salaire).
- Contrat à titre onéreux, même pour la salariée qui ne peut pas vaquer librement à ses occupations pendant le temps de travail.
- Contrat commutatif : chacune des parties s'engage à procurer à l'autre un avantage regardé comme équivalent.

3. Repérez l'expression du consentement des parties.

En signant le contrat, les parties expriment leur consentement.

4. Précisez si les parties ont la capacité de conclure ce contrat.

La société est représentée par son gérant. Il a le pouvoir de l'engager. On peut déduire que la salariée est majeure non protégée (elle est en vacances universitaires) et donc qu'elle a la capacité de s'engager.

5. Déterminez si le contrat respecte les règles d'équilibre.

Le contrat n'est pas équilibré. Au 1er janvier 2020, le taux horaire du Smic était de 10,15 €. En considérant qu'Éléonore travaille 7 heures par jour, elle toucherait un montant de 710,50 € pour 10 jours de travail. Or, elle recevra une rémunération de 480 €.

Le contrat comporte une clause pénale. Celle-ci est interdite dans les contrats de travail.

9 Commentaire de document : Garage Dizier

Compétence attendue

Analyser la validité d'un contrat dans son ensemble et d'une clause particulière

Décryptage des compétences

- Une fois le contrat valablement formé, le candidat est capable d'apprécier la portée de l'engagement donné aussi bien pour les parties contractantes que pour les tiers au contrat dans certaines circonstances.
- Le candidat peut évaluer l'opportunité d'une révision du contrat en fonction des circonstances données et mesurer la possible intervention du juge dans le contrat.

1. À l'aide de vos connaissances et du dossier documentaire, vous remettrez une note (une dizaine de lignes maximum) à M. Hervé visant à déterminer s'il peut obtenir la nullité du contrat.

Principes juridiques. Le contrat est valablement formé si les conditions suivantes sont réunies : la capacité de contracter existe, le consentement est non vicié (par l'erreur, le dol ou la violence), licite et certain. Dans une affaire datant du 14 octobre 2015 (pourvoi n° 14-22695), la Cour de cassation s'est prononcée sur le problème de droit suivant : une personne commet-elle un dol en vendant un véhicule (en l'espèce, une voiture de sport haut de gamme) au prix de *L'Argus* sans signaler à l'acquéreur que celui-ci avait été endommagé ?

Les faits étaient les suivants : Mme X a vendu un véhicule de type Porsche 996 Carrera, datant de 2005. Elle avait acheté le véhicule d'occasion. M. Rafik Z, ayant appris que le véhicule avait été accidenté, a demandé la résolution de la vente pour vice caché puis a invoqué le dol de la venderesse.

Dans cet arrêt du 14 octobre 2015, la Cour de cassation a admis la réticence dolosive de la venderesse. Elle a constaté que cette dernière savait que le véhicule avait été accidenté et qu'elle aurait dû fournir cette information au vendeur, compte tenu du caractère particulier de la vente. En dissimulant cette information et en vendant le véhicule au prix de *L'Argus* elle avait induit son acquéreur en erreur et commis un dol.

Le dol est une tromperie qui a pour effet de provoquer dans l'esprit du contractant une erreur qui le détermine à contracter. Cette tromperie est déterminante. Sans elle, le contrat n'aurait pas été conclu.

Application. En l'espèce, M. Hervé a acheté un véhicule à son voisin, M. Leborgne, au prix de *L'Argus*. La visite d'entretien dans un garage montre que le véhicule a été accidenté et que des travaux de réparation sont nécessaires, sous peine de mettre en péril la sécurité de M. Hervé. Par conséquent, cette information ayant été dissimulée par M. Leborgne, il s'agit d'un dol et la nullité de la vente pourra être prononcée.

NOTRE CONSEIL

La qualité des parties (demandeur/défendeur) est appréciée lors du premier recours judiciaire.

CHAPITRE 13 L'exécution du contrat

Évaluer les savoirs

1 QCM

1. a, c, d. La réponse a se justifie par le fait que le contrat est la loi des parties.
Les réponses c et d posent le problème de l'effet relatif du contrat. L'article 1199 al.1er du Code civil dispose que « le contrat ne crée d'obligations qu'entre les parties ; les tiers ne peuvent ni demander l'exécution du contrat, ni se voir contraints de l'exécuter… ». *In fine*, le texte admet des exceptions : le contrat peut profiter aux tiers quand la loi le permet (ex. : le contrat d'assurance sur la vie est conclu entre un assuré et un assureur mais il profite à un tiers).

2. c, d. Le paiement est le mode normal d'exécution du contrat. Il met en présence le *solvens*, celui qui exécute l'obligation et l'*accipiens*, celui qui en bénéficie. Selon l'article 1342-8 du Code civil, il se prouve par tout moyen.

3. c, e. L'astreinte est une condamnation pécuniaire, par période de retard ou par manquement constaté jusqu'à l'exécution de l'obligation. L'astreinte suppose l'intervention du juge.

4. a, b, c. L'exécution forcée désigne l'ordre par lequel le juge condamne le débiteur récalcitrant à l'accomplissement de l'obligation.

5. a, c, d. Les réponses c et d posent la question des modalités de la résolution. Selon le Code civil, « la résolution prend effet, selon les cas, soit dans les conditions prévues par la clause résolutoire, soit à la date de la réception par le débiteur de la notification faite par le créancier, soit à la date fixée par le juge ou, à défaut, au jour de l'assignation en justice » (C. civ., art. 1229 al. 2).

6. a, c, d. La mise en œuvre de la responsabilité civile contractuelle suppose le respect de trois conditions : un fait générateur qui est l'inexécution d'une obligation ou une faute (en doctrine, les fondements sont discutés), un dommage et un lien de causalité reliant les deux.

2 Henri Duflot

Léo est-il tenu de rembourser le solde de l'emprunt contracté par son père ?

Quels sont les effets des contrats sur les ayants cause universels ?

Principes juridiques. Les ayants cause universels ou à titre universel continuent la personne du défunt. Ils deviennent partie aux contrats qu'ils reçoivent par la succession. Ils acquièrent le patrimoine tout entier de leur auteur (ayant cause universel) ou une fraction de celui-ci (ayant cause à titre universel). Ils succèdent aux droits et créances de leur auteur. Ils sont tenus des dettes.

Application. En l'espèce, si Léo accepte la succession de son père, il sera tenu de rembourser le solde de l'emprunt.

3 Arthur

Arthur est-il tenu par les contrats suivants conclus par Dorothée ?

Quels sont les effets des contrats sur les ayants cause à titre particulier ?

Principes juridiques. Les ayants cause à titre particulier sont des personnes qui reçoivent un ou plusieurs droits ou biens particuliers de leur auteur. Il s'agit alors de déterminer si celui qui reçoit ce droit ou bien devient débiteur à la place de son auteur. Quand un fonds de commerce est vendu, la vente comprend nécessairement certains éléments, notamment le bail commercial. Par ailleurs, quand un fonds de commerce est nanti le nantissement suit le fonds quand il est vendu. Normalement le contrat de travail est conclu intuitu personae et il devrait être résolu quand l'employeur vend son entreprise. Toutefois, il existe un dispositif spécifique en droit du travail qui permet d'assurer la poursuite du contrat en cours d'exécution.

Application. En l'espèce, Arthur sera tenu uniquement par les contrats de bail, de nantissement et de travail.

Maîtriser les compétences

4 BalloonKidz

Compétence attendue

Proposer des sanctions adaptées en cas d'inexécution d'un contrat

Décryptage des compétences

- Le candidat est capable de repérer l'exécution normale du contrat à travers le paiement en identifiant les parties, l'objet et les circonstances du paiement qui permettront d'en rapporter la preuve pour entraîner l'extinction de l'obligation contractuelle.
- En cas d'inexécution des obligations contractuelles, le candidat est capable de proposer les recours possibles en fonction des circonstances de fait ainsi que de reconnaître les situations permettant une exonération de responsabilité.

Précisez dans les cas suivant le moyen juridique à utiliser par le créancier BalloonKidz et les démarches à effectuer par ce dernier.

1. BalloonKidz devra recourir à la résolution soit en utilisant une clause prévue à cet effet, soit en saisissant le juge.

2. Balloon Kidz a subi un dommage du fait d'un contrat non exécuté. BalloonKidz mettra en jeu la responsabilité civile de son débiteur. BalloonKidz devra apporter la preuve de l'inexécution du contrat (fait générateur), d'un dommage et du lieu de causalité. Cette action passera par la saisine d'un juge.

3. BalloonKidz a reçu partiellement une commande et souhaite ne pas recevoir le reste et ne payer que ce qu'il a reçu. Le contrat a mal été exécuté. BalloonKidz peut mettre en œuvre l'exception d'inexécution. Il prétexte une mauvaise exécution de son débiteur, pour ne pas exécuter ses propres obligations. En pratique, il écrit à son débiteur en lui mentionnant sa décision. Souvent l'exception d'inexécution est une sanction intermédiaire. Il est possible que le débiteur exécute son obligation complètement ou que BallonKidz intente une action résolutoire.

4. BalloonKidz souhaite cesser les approvisionnements d'un client qui a interrompu ses paiements. BallonKidz utilisera, comme dans le cas précédent, l'exception d'inexécution.

5. BalloonKidz devra recourir à l'exécution forcée. L'entreprise commencera par une mise en demeure. Ensuite, elle saisira le juge pour obtenir un titre exécutoire permettant, au besoin, de recourir à la force publique. L'entreprise peut aussi demander au juge des astreintes. Il s'agit d'obtenir que le débiteur paie une somme d'argent par jour de retard. Ce moyen de pression est très efficace.

5 Société Vérité

Compétence attendue **Proposer** des sanctions adaptées en cas d'inexécution d'un contrat

1. Qualifiez le contrat.

Le contrat est une stipulation pour autrui. C'est un contrat conclu entre un stipulant et un promettant par lequel le second exécutera une prestation au profit d'un tiers : le bénéficiaire. Cette technique est utilisée dans le contrat d'assurance sur la vie.

2. Précisez la qualité des parties.

La société Vérité est le promettant. Adrien est le stipulant.

3. Analysez la possibilité pour Marine d'exercer un recours alors qu'elle n'est pas partie au contrat.

L'article 1206 du Code civil pose que « le bénéficiaire est investi d'un droit direct à la prestation contre le promettant dès la stipulation ». Marine est la bénéficiaire du contrat. Elle peut en exiger l'exécution en s'appuyant sur cet article.

6 Anaëlle et Christophe

Compétence attendue **Proposer** des sanctions adaptées en cas d'inexécution d'un contrat

1. Identifiez l'action qu'Anaëlle et Christophe peuvent engager contre l'exploitant de la ligne de RER.

Principes juridiques. Pour que la responsabilité civile contractuelle soit mise en œuvre trois conditions sont nécessaires : un fait générateur, un dommage et un lien de causalité. Le fait générateur s'analyse en un manquement dans l'exécution du contrat. Le dommage s'analyse comme un préjudice subi par le créancier. Le lien de causalité c'est la relation de cause à effet entre le fait générateur et le dommage.

Application. En l'espèce, la panne du RER s'analyse en une inexécution. Elle a entraîné un dommage : Annaëlle et Christophe ont raté leur avion. Ils peuvent exercer une action en responsabilité contractuelle.

2. Déterminez leurs chances de succès.

Quelles sont les causes d'exonération lors de la mise en jeu de la responsabilité contractuelle ?

Principes juridiques. Le débiteur d'une obligation inexécutée peut échapper à la mise en cause de sa responsabilité en évoquant l'une des trois causes d'exonération suivantes : force majeure, faute du créancier et fait d'un tiers. La force majeure est un événement échappant au contrôle du débiteur, qui ne pouvait être raisonnablement prévu lors de la conclusion du contrat et dont les effets ne peuvent pas être évités par des mesures appropriées. Le fait d'un tiers doit présenter les caractères de la force majeure.

Application. En l'espèce, l'exploitant de la ligne pourra arguer d'une faute d'un tiers, le fournisseur d'électricité. Toutefois, pour que le fait d'un tiers soit admis, encore faut-il qu'il présente les caractères de la force majeure. Or, une panne d'électricité peut être raisonnablement prévue. De plus, cette panne a duré 5 heures. Annaëlle et Christophe ont de bonnes chances de voir leur action en responsabilité contractuelle couronnée de succès.

7 Benjamin

Compétence attendue **Proposer** des sanctions adaptées en cas d'inexécution d'un contrat

Identifiez les moyens juridiques dont le club dispose.

Quels sont les moyens dont dispose un créancier en cas d'inexécution d'un contrat ?

Principes juridiques. L'exception d'inexécution est un moyen de forcer l'autre partie à respecter ses engagements. L'exception d'inexécution présente un intérêt même quand l'exécution est devenue sans objet car elle permet au créancier de ne pas exécuter les obligations mises à sa charge, par exemple le paiement du solde du contrat.

L'exécution forcée consiste à recourir aux tribunaux ou à la force publique pour contraindre le débiteur à exécuter ses obligations. L'exécution forcée ne présente pas d'intérêt quand l'exécution est devenue sans objet.

La résolution du contrat aboutit à l'anéantissement de la relation contractuelle. Elle présente un intérêt quand le créancier n'a lui-même plus aucun intérêt à rechercher l'exécution. Dans ce cas, elle permet au créancier de récupérer les acomptes versés.

La responsabilité civile suppose la réunion de trois conditions : un fait générateur, un dommage et un lien de causalité. Le fait générateur s'analyse en un manquement dans l'exécution du contrat ou en une faute. Le dommage s'analyse comme un préjudice subi par le créancier. Le lien de causalité est la relation de cause à effet entre le fait générateur et le dommage.

Application. En l'espèce, le club peut demander la résolution du contrat, ce qui permettra de récupérer les acomptes versés (5 % + 10 %). De plus, le club pourra mettre en cause la responsabilité contractuelle de Benjamin. Celui-ci n'a pas executé le contrat, ce qui a entraîné un dommage pour le club.

Préparer l'épreuve

8 Situation pratique : cas TRAV'O

Compétence attendue **Proposer** des sanctions adaptées en cas d'inexécution d'un contrat

1. Identifiez les solutions juridiques qui s'offrent à M. Bastien face au retard pris dans l'exécution des travaux.

Quels sont les moyens dont dispose un créancier en cas d'exécution tardive d'un contrat ?

Principes juridiques. Quand un débiteur s'exécute avec retard, il est possible de le contraindre en ayant recours à l'exécution forcée. Celle-ci suppose une mise en demeure puis le recours au juge. Le juge peut prononcer des astreintes par jour de retard.

Application. En l'espèce, M. Bastien devra demander au juge de prononcer des astreintes pour obliger M. Victor à s'exécuter.

2. Examinez les moyens de défense que M. Victor peut invoquer.

Principes juridiques. Quand un débiteur ne s'exécute pas et qu'il est confronté à une exécution forcée, il peut demander à son créancier un délai pour s'exécuter. Il peut évoquer diverses raisons qui montrent que son retard n'est pas dû à sa légèreté.

Application. En l'espèce, M. Victor pourra demander à M. Bastien un délai en évoquant les raisons de son retard : la blessure d'un salarié et le départ en vacances d'un autre.

3. Analysez les aménagements contractuels par lesquels M. Bastien aurait pu anticiper les conséquences de l'inexécution ou de la mauvaise exécution du contrat.

Principes juridiques. Il est possible de gérer contractuellement les suites d'une inexécution ou d'une mauvaise exécution d'un contrat. À cette fin, deux clauses peuvent être utilisées : la clause résolutoire de plein droit et la clause pénale.

La clause résolutoire de plein droit entraîne l'anéantissement du contrat en cas de survenance d'un événement décrit par la clause, par exemple un retard dans l'exécution. Des conditions président à sa mise en œuvre : une mise en demeure est de principe ; la clause doit être utilisée de bonne foi. Sa mise en pratique sans réaction de l'autre partie permet d'anéantir le contrat sans recourir au service public de la justice.

La clause pénale se traduit par le versement d'une somme d'argent par l'une des parties au contrat, en cas de défaut d'exécution de celui-ci. Une mise en demeure est de principe.

Application. En l'espèce, M. Bastien pourra, à l'avenir, utiliser une de ces deux clauses pour éviter les déboires liés à l'inexécution ou au retard dans l'exécution d'un contrat.

9 Commentaire de document : un voyage à haut risque

Compétence attendue — **Proposer** des sanctions adaptées en cas d'inexécution d'un contrat

1. Rappelez les faits.

Mme Poisson est descendue à l'hôtel Ritz à Mexico au cours d'un voyage organisé par la société Voyageurs au Mexique. Elle a été blessée en tombant dans la cage d'ascenseur par la porte du deuxième étage alors que la cabine se trouvait bloquée au rez-de-chaussée.

2. Identifiez le problème de droit.

Cette affaire pose le problème de la responsabilité du voyagiste et, plus précisément, de l'obligation de sécurité.

3. Présentez les éléments retenus par la cour d'appel pour rejeter la demande en réparation de Mme X.

L'hôtel, prestataire local substitué au voyagiste dans l'exécution du séjour, présentait toutes les conditions de sécurité requises. Par conséquent, le voyagiste n'a pas commis de faute en faisant appel à ses services.

4. Identifiez le motif permettant à la Cour de cassation de casser la décision de la cour d'appel.

L'agence de voyages répond de l'hôtelier auquel elle s'est substituée. C'est une responsabilité de plein droit.

5. Qualifiez l'obligation du voyagiste.

Le voyagiste a une obligation de sécurité. Ce professionnel s'engage à assurer la sécurité de ses clients. Il ne pourra s'exonérer de sa responsabilité qu'en prouvant la faute de la victime, le fait imprévisible et insurmontable d'un tiers ou la force majeure.

CHAPITRE 14 Les principaux contrats de l'entreprise

Évaluer les savoirs

1 QCM

1. d. Le critère de la vente du fonds de commerce est la transmission de la clientèle. Les parties déterminent les autres éléments vendus avec précision.

2. c. Le privilège du vendeur lui confère un droit de suite et un droit de préférence. Le droit de suite est le droit de suivre le fonds de commerce en quelque main qu'il passe et en quelque lieu qu'il se trouve. Le vendeur a un droit de préférence qui lui permet d'être avant les autres créanciers en cas de revente.

3. b. Les créanciers du vendeur du fonds de commerce peuvent faire opposition au paiement du prix, au plus tard dans les dix jours des publications exigées.

4. b. La location-gérance porte sur le fonds de commerce donné en location à un locataire-gérant qui va l'exploiter en son nom, à ses risques et périls. La location-gérance ne doit pas être confondue avec le bail commercial qui porte sur l'immeuble où le fonds est exploité.

5. d. Le transfert de propriété a lieu en principe dès que le vendeur et l'acheteur sont d'accord sur la chose et le prix. Peu importe que la chose n'ait pas été livrée ou le prix payé. Ce principe a des exceptions (ex. : chose à fabriquer, clause de réserve de propriété).

6. a, c, d. Le vendeur impayé peut demander la résolution de la vente ou, si la chose n'est pas livrée, être payé par préférence sur son prix de vente. Il peut aussi demander la résolution de la vente.

7. b, c. Une clause abusive est une clause du contrat qui crée un déséquilibre manifeste dans un contrat de consommation au profit du professionnel. Elle est écartée d'office par le juge.

2 L'emprunt de Paul

Quels sont les problèmes soulevés par cette situation ?

Quelles sont les dispositions qui protègent le consentement d'un emprunteur consommateur ?

Principes juridiques. Le prêteur fournit à l'emprunteur une information pré contractuelle en lui remettant une fiche d'information personnalisée avec des mentions obligatoires fixées par décret. Le prêteur a un devoir de conseil et doit fournir à l'emprunteur des informations personnalisées. Il vérifie la solvabilité de l'emprunteur et consulte le fichier des incidents de remboursement de crédit aux particuliers (FICP). L'offre écrite a une durée de validité de 15 jours. Lorsque l'emprunteur a accepté cette offre, il dispose d'un délai de rétractation de 14 jours.

Application. En l'espèce, d'abord, Paul souhaite emprunter 13 000 €, Fabrice lui remet un contrat. Or, normalement il aurait dû lui remettre une offre personnalisée valable pendant 15 jours afin de permettre à Paul de s'engager en toute connaissance de cause. Enfin, une semaine plus tard, Paul renonce à l'achat du véhicule et donc à emprunter. Il peut toujours user de son droit à rétractation.

Maîtriser les compétences

3 Des contrats à qualifier

Compétence attendue **Qualifier** le contrat en présence dans une situation donnée

Décryptage des compétences

Le candidat est capable de qualifier le contrat rencontré pour en déterminer les éléments fondamentaux en fonction des différents contrats étudiés.

Après avoir pris connaissance des extraits suivants, qualifiez les contrats concernés, identifiez et précisez les statuts des parties en présence.

Numéro du contrat	Qualification	Statuts des parties
1	Location-gérance d'un fonds de commerce	• Propriétaire du fonds de commerce : M. Venceslas • Locataire gérant M. Campana
2	Contrat de vente	• Vendeur : Société de ventes de motos • Acheteur : M. Lincoln
3	Contrat de crédit à la consommation	• Emprunteur : M. Ducatel • Prêteur : Banque
4	Contrat de vente d'un fonds de commerce	• Vendeur : propriétaire du fonds de commerce de papeterie • Acheteur : l'acheteur qui va exploiter le fonds

4 Twingo

Compétences attendues
- **Qualifier** le contrat en présence dans une situation donnée
- **Caractériser** la protection des parties pour chacun des contrats

Décryptage des compétences

Pour chacun de ces contrats, le candidat est capable d'évaluer les mesures juridiques de protection dont bénéficient les parties contractantes.

1. Qualifiez le contrat conclu par Marine.

Principes juridiques. Pour qu'un contrat soit qualifié de contrat de vente, il faut qu'il ait pour objet le transfert de propriété d'une chose (un meuble ou un immeuble) contre le versement d'un prix.

Un contrat conclu entre un professionnel et un consommateur est un contrat de consommation. Un consommateur est une personne qui agit à des fins autres que dans le cadre d'une activité commerciale, industrielle, artisanale, agricole et libérale.

Application. En l'espèce, Marine est un consommateur, elle achète une Twingo neuve à un concessionnaire automobile, un professionnel. La propriété de ce véhicule lui est transférée : il s'agit d'un contrat de consommation (de vente).

2. Identifiez le recours dont elle dispose.

Quelles sont les obligations du vendeur dans un contrat de consommation ?

Principes juridiques. Le vendeur a une obligation de délivrance : il transfère la chose en jouissance et en possession de l'acheteur.

Il garantit la chose vendue. Cette garantie est double. La garantie légale de conformité protège l'acheteur qui peut obtenir la réparation ou le remplacement du bien si celui-ci n'est pas conforme. Le vendeur répond des défauts de conformité lors de la délivrance dans un délai de deux ans à compter de la délivrance du bien. L'acheteur dispose également de la garantie contre les vices cachés. Elle permet le remboursement total ou partiel d'un bien impropre à l'usage auquel il était destiné, dans les deux ans de la découverte du vice. Il y a vice caché lorsque le vice est antérieur à la vente, non apparent et inconnu de l'acheteur. La preuve doit être apportée par l'acheteur qui doit exercer l'action dans les deux ans de la découverte du vice.

Application. En l'espèce, Marine a acheté une Twingo qui ne répond pas à l'usage attendu. En conséquence elle peut mettre en cause la garantie de conformité due par le vendeur puisque le bien ne répond pas à l'usage attendu, à charge pour le vendeur d'apporter la preuve contraire. Marine est toujours dans les délais de recours. Si Marine avait mis en œuvre la garantie des vices cachés, il appartiendrait à Marine d'apporter la preuve de l'existence du vice antérieur à la vente, ce qui s'avérerait pour elle plus compliqué.

5 Mylan

Compétences attendues

- **Qualifier** le contrat en présence dans une situation donnée
- **Caractériser** la protection des parties pour chacun des contrats

Analysez les options qui s'offrent à Mylan.

Comment s'exerce le droit de rétractation dans un contrat de crédit à la consommation ?

Principes juridiques. Dans un contrat de crédit à la consommation, le consommateur bénéficie d'un droit de rétractation. Il peut se rétracter dans un délai de 14 jours calendaires révolus à compter du jour de l'acceptation de l'offre.

Application. En l'espèce, Mylan a accepté l'offre. Un décompte des jours calendaires à compter du jour de l'acceptation de l'offre par Mylan est nécessaire. Si ce délai n'est pas dépassé, Mylan pourra se rétracter auprès de Beneficeo grâce au formulaire prévu à cet effet dans son offre ou par lettre recommandée avec accusé de réception.

Préparer l'épreuve

6 Situation pratique : cas Chloé

Compétences attendues

- **Analyser** les caractéristiques essentielles des principaux contrats de l'entreprise
- **Caractériser** la protection des parties pour chacun des contrats

1. Commentez le projet de Chloé.

Quel est le critère de vente du fonds de commerce ?

Principes juridiques. Le critère de la vente d'un fonds de commerce est la transmission de la clientèle. Par conséquent, on ne peut pas vendre un fonds de commerce sans vendre la clientèle Les autres éléments servent de ralliement à cette clientèle, ils peuvent ne pas faire l'objet de la vente du fonds. Les parties détermineront avec précision les éléments de la vente.

Application. En l'espèce, Chloé peut ne pas céder l'enseigne lors de la vente de son fonds.

2. Analysez la proposition d'Adèle.

Quelles sont les conditions de forme lors de la vente d'un fonds de commerce ?

Principes juridiques. L'accord des parties sur la chose et le prix suffit pour que le contrat soit formé. Un écrit n'est donc pas nécessaire Toutefois, dans la pratique, un écrit est rédigé sous signature privée ou par acte notarié. Cet écrit doit comporter des mentions obligatoires destinées à informer l'acheteur des éléments et de la valeur du fonds. L'omission de ces mentions peut entraîner la nullité relative de l'acte. L'inexactitude des mentions ouvre à l'acquéreur une action en garantie du vendeur dans le délai d'un an à compter de la prise de possession.

En l'absence d'écrit et en cas de litige, des problèmes de preuve peuvent se poser aux parties en présence. La vente d'un fonds de commerce est un acte de commerce et pourra être prouvée par tous moyens : un commencement de preuve par écrit (échange de documents, correspondance...), le témoignage ou des présomptions judiciaires (de fait).

Application. La proposition d'Adèle est recevable même si la preuve de la vente peut se faire par tous moyens. L'acte de vente peut être conclu devant un notaire ; il aura alors un statut d'acte authentique.

3. Conseillez les créanciers de Chloé.

Quels sont les droits des créanciers du vendeur ?

Principes juridiques. Des formalités ont pour but d'informer les créanciers du vendeur afin qu'ils puissent faire valoir leurs droits. Ces formalités concernent :

- L'enregistrement : la cession du fonds doit être portée à la connaissance de l'administration fiscale dans le mois qui suit l'opération ;
- La publicité : une insertion est faite au Bodacc et dans un JAL de la zone géographique d'exploitation du fonds, dans les quinze jours de la cession ;
- La radiation au RCS : le vendeur doit se faire radier et l'acquéreur se faire immatriculer dans un délai d'un mois à dater de la cession du fonds.

Les créanciers disposent d'un droit d'opposition au paiement du prix dans les 10 jours de la première publication de la vente. En conséquence, le prix est bloqué entre les mains de l'acquéreur. Le président du tribunal de commerce statue sur cette opposition.

Application. En l'espèce, les créanciers de Chloé peuvent faire opposition dans les 10 jours de la publication de la vente. Le prix sera bloqué dans l'attente de la décision du tribunal.

4. Conseillez Adèle quant à une éventuelle action à l'encontre de Chloé.

Quelles sont les dispositions de la garantie contre l'éviction ?

Principes juridiques. En application de l'obligation de garantie contre l'éviction du vendeur du fonds de commerce, celui-ci doit assurer une possession paisible de l'acheteur. Il doit protéger le vendeur contre des troubles qui amèneraient un tiers ou lui-même à porter atteinte aux droits de l'acheteur.

Dans la pratique, et pour renforcer cette disposition, les contrats de vente de fonds de commerce comportent une clause dite « clause de non-rétablissement ».

Application. En l'espèce, la reprise de sa clientèle par Chloé constitue une éviction. La clientèle est protégée après la cession du bien afin que Chloé ne se rétablisse pas en exerçant une activité similaire et en captant la clientèle rattachée au fonds. De plus, une clause de non-rétablissement est peut-être présente dans le contrat de vente ; dans ce cas, elle devra être respectée.

7 Commentaire de document : Kidiclick

Compétences attendues

- **Qualifier** le contrat en présence dans une situation donnée
- **Analyser** les caractéristiques essentielles des principaux contrats de l'entreprise
- **Caractériser** la protection des parties pour chacun des contrats

1. Qualifiez le contrat conclu par Zoé auprès de Kidiclick.

Principes juridiques. Un contrat de vente a pour objet le transfert de propriété d'une chose (un meuble ou un immeuble) contre le versement d'un prix.

Un contrat conclu entre un professionnel et un consommateur est un contrat de consommation. Un consommateur est une personne qui agit à des fins autres que dans le cadre d'une activité commerciale, industrielle, artisanale, agricole et libérale.

Application. En l'espèce, Zoé achète une tablette à la société Kidiclick. C'est un contrat de consommation de vente.

2. Identifiez les parties et présentez leur qualité.

Zoé est l'acheteur consommateur, elle achète la tablette pour ses besoins personnels. La société Kidiclick est le vendeur professionnel.

3. Précisez les obligations des parties.

- Quelles sont les obligations du vendeur ?

Principes juridiques. Le vendeur doit délivrer un bien conforme au contrat. Il répond des défauts de conformité existant lors de la délivrance de la tablette, de son emballage, des instructions de montage ou de l'installation de ses accessoires. Le vendeur a une obligation de garantie de réparation pendant 24 mois. Il doit mettre les pièces détachées à la disposition des acheteurs pendant 3 ans.

Le vendeur est également tenu d'une garantie légale de conformité (elle permet d'obtenir la réparation ou le remplacement du bien si celui-ci n'est pas conforme) et d'une garantie contre les vices cachés (il y a vice caché lorsque le vice est antérieur à la vente, lorsqu'il empêche l'usage normal et raisonnable de la chose, et qu'il est non apparent).

Application. En l'espèce, Kidiclick doit délivrer une tablette conforme au contrat et qui rend le service que le consommateur est en droit d'attendre d'un tel équipement. Or tel n'est pas le cas.

- Quelles sont les obligations l'acheteur ?

Principes juridiques. L'acheteur est tenu par diverses obligations, notamment celle de retirer le bien et d'en payer le prix en respectant les stipulations du contrat.

Application. En l'espèce, il semble que Zoé se soit strictement conformée aux obligations légales qui pèsent sur tout acheteur.

4. Analysez les recours qui s'offrent à Zoé à l'encontre de Kidiclick.

Quelles sont les dispositions de la garantie de conformité du vendeur ?

Principes juridiques. Dans un contrat de consommation, le vendeur professionnel a une obligation de garantie de conformité. Le bien doit être conforme à l'usage habituellement attendu de ce type de bien. Les défauts de conformité qui apparaissent dans les 24 mois de la délivrance du bien sont présumés exister au moment de la délivrance, sauf preuve contraire. L'acheteur peut obtenir la réparation ou le remplacement du produit.

Application. En l'espèce, Zoé peut se fonder sur le non-respect de l'obligation de conformité. Les conditions générales de vente de Kidiclick reprennent d'ailleurs les dispositions du Code de la consommation. La tablette ne présente pas les qualités que l'on peut légitimement attendre d'un tel objet dont les fonctionnalités sont définies par le vendeur ou le fabricant. Une tablette doit pouvoir être rechargée pour être utilisée. Zoé est dans les délais de recours, elle peut obtenir la réparation ou le remplacement du produit.

CHAPITRE 15

Les contrats de l'entreprise avec les établissements financiers

Évaluer les savoirs

1 QCM

1. c, d. Ce sont les représentants du mineur émancipé, sauf exceptions, qui doivent procéder à l'ouverture et au fonctionnement d'un compte. Le majeur sous sauvegarde de justice peut ouvrir un compte qui fonctionne sous sa seule signature. Il est toutefois protégé par les actions en rescision pour lésion et réduction pour excès. Le majeur sous curatelle peut également ouvrir un compte qui fonctionne, avec l'assistance du curateur pour certaines opérations. Le majeur sous tutelle est frappé d'incapacité; son compte est ouvert par le tuteur et fonctionne sous sa signature.

2. a, b, d. Le contrat de prêt est consensuel quand il est octroyé à un professionnel qu'il n'y a pas lieu de protéger. Il est en principe à durée déterminée, le prêteur est tenu de laisser l'argent à la disposition de l'emprunteur jusqu'au terme convenu. C'est un prêt de consommation: l'emprunteur rembourse l'équivalent de la somme empruntée.

3. b. Par le contrat d'affacturage, l'adhérent s'engage à remettre toutes les factures, les bonnes comme les mauvaises, certaines étant approuvées par le factor, d'autres non. Le factor règle les factures et fournit d'autres services en particulier des services de recouvrement. L'adhérent doit fournir toutes les informations au factor pour que celui-ci exécute le contrat: il a une obligation de coopération.

4. b, c, d. Dans le crédit-bail, le crédit-bailleur délivre la chose et garantit le preneur contre les vices éventuels. Le crédit-preneur choisit le matériel et entretient la chose (en pratique, il effectue toutes les réparations).

5. d. Les sûretés portent sur les biens mobiliers corporels (gage) ou incorporels (nantissement) et immobiliers (hypothèque). Elles garantissent les créanciers contre l'insolvabilité de leur débiteur.

6. a, d. Une hypothèque est une sûreté réelle qui porte sur un bien immobilier. Elle confère au créancier le droit de faire saisir le bien, de le vendre et de se payer sur le prix de vente. Le créancier a un droit de suite qu'il peut exercer contre les acquéreurs du bien.

2 SARL Potier

1. Expliquez à M. Potier le mécanisme de l'affacturage.

L'affacturage est un contrat commercial par lequel une personne, l'affactureur (ou factor), s'engage, moyennant la perception d'une commission, à acheter – et donc à régler – tout ou partie des créances que son client, l'adhérent, détient à l'encontre des tiers. L'opération d'affacturage fait intervenir trois acteurs :

- la société d'affacturage, établissement de crédit, qui règle les factures et procède au recouvrement ;

– le vendeur adhérent, client de la société d'affacturage (M. Potier, en l'espèce), qui transmet ses factures au factor avec lequel il coopère, et auquel il verse une rémunération ;
– le client du vendeur (les clients de M. Potier, en l'espèce), qui règle le factor à l'échéance des créances.

2. Identifiez les obligations incombant à M. Potier lors de la facturation s'il a recours à une société d'affacturage.

Principes juridiques. L'adhérent au contrat d'affacturage doit transmettre au factor l'ensemble de ses créances sur ses clients. Il devra apposer sur ses factures, la mention du paiement au factor.

Application. En l'espèce, M. Potier devra remettre l'ensemble de ses factures au factor sur lesquelles il aura mentionné le nom du factor.

3. Déterminez le coût de cette technique.

Principes juridiques. L'adhérent au contrat d'affacturage doit payer une rémunération au factor. C'est une commission générale calculée sur le montant TTC des remises de factures. Elle rémunère les services rendus par le factor.

Application. En l'espèce, M. Potier devra payer au factor une commission calculée sur le montant des remises de factures.

4. Analysez l'affirmation du client de M. Potier.

Principes juridiques. Le factor règle les factures qu'il a approuvées, il supporte ainsi le risque d'insolvabilité. En ce qui concerne les factures non approuvées, il paie l'adhérent quand il a lui-même été payé. Il fournit divers services : le recouvrement, la tenue des comptes, la fourniture de renseignements sur les clients.

Application. En l'espèce, M. Potier sera payé immédiatement après approbation des factures. En revanche, il devra attendre le recouvrement par le factor pour le paiement des factures non approuvées. Il sera déchargé de toutes les opérations liées au recouvrement de ses créances.

Maîtriser les compétences

3 Alice

Compétence attendue — **Qualifier** le contrat en présence dans une situation donnée

1. Expliquez comment Alice peut rompre sa convention de compte de dépôt.

Quelles sont les conditions de clôture d'un contrat de dépôt à durée indéterminée ?

Principes juridiques. Le contrat à durée indéterminée prend fin par décision unilatérale des parties. Cette rupture ne doit pas être brutale et doit respecter un préavis dont la durée est fixée par la convention liant le banquier à son client. À défaut de précision, le préavis doit être raisonnable

La clôture est gratuite et l'établissement d'arrivée propose un service gratuit d'aide à la mobilité.

Application. En l'espèce, Alice peut rompre sa convention de compte en respectant le préavis figurant dans sa convention avec la banque commerciale, ou dans un délai raisonnable. Sa nouvelle banque s'occupera des formalités.

2. Déterminez les conséquences de la clôture de son compte par Alice.

Principes juridiques. La clôture du compte interdit toute opération pour l'avenir. Le banquier demande la remise de toutes les formules de chèque. Les chèques émis antérieurement à la clôture sont payés si la provision est suffisante. Le solde créditeur est remis au client, le solde débiteur est réglé par le débiteur.

Application. En l'espèce, Alice peut changer de banque. Elle devra remettre ses formules de chèque. Si son solde est débiteur, elle devra régler la banque. Celle-ci devient son créancier et peut utiliser tous les moyens mis à sa disposition pour recouvrer sa créance (↪ chapitre 13). Si son solde est créditeur, la banque lui remettra le montant correspondant.

4 Hubert

Compétence attendue

Justifier le choix d'une sûreté et ses principaux effets dans une situation donnée

Décryptage des compétences

Dans une situation donnée, le candidat est capable de désigner la sûreté la plus adaptée offrant les meilleures garanties de protection au prêteur.

1. Justifiez le recours à l'hypothèque par la Banque du littoral.

Quels sont les avantages de l'hypothèque pour le créancier ?

Principes juridiques. L'hypothèque est une sûreté réelle. Elle procure au créancier une garantie assise sur la valeur du bien hypothéqué. Le créancier détient un droit de préférence sur le bien : il est préféré aux créanciers chirographaires. Il peut faire saisir le bien, le vendre et se payer sur son prix. Le créancier dispose d'un droit de suite qu'il peut exercer sur l'acquéreur du bien.

Application. En l'espèce, la constitution d'une hypothèque en garantie de remboursement de l'emprunt sur le bien convoité par Hubert offre la possibilité à la banque du littoral impayée de disposer sur l'appartement d'un droit de préférence par rapport aux autres créanciers du propriétaire de l'appartement et d'un droit de suite en cas de vente de l'immeuble.

2. Présentez les conséquences de cette hypothèque pour Hubert.

Principes juridiques. L'hypothèque est un droit réel opposable aux tiers sur l'immeuble affecté à l'acquittement d'une obligation.

Application. Hubert acquiert l'immeuble hypothéqué. Le prix est ventilé en deux parties : une partie revient au vendeur ; l'autre partie au banquier, créancier hypothécaire.

❺ SARL COOK

Compétences attendues

- **Qualifier** le contrat en présence dans une situation donnée
- **Analyser** les caractéristiques essentielles des principaux contrats de l'entreprise
- **Caractériser** la protection des parties pour chacun des contrats

1. Qualifiez ce mécanisme.

Qu'est-ce que l'escompte ?

Principes juridiques. L'escompte est une opération par laquelle un banquier achète à son client un effet de commerce non échu, le plus souvent sous forme de lettre de change, moyennant une rémunération et le prélèvement de divers frais.

Application. En l'espèce, la SARL COOK a cédé à sa banque, Crédito, deux créances détenues sous la forme de lettre de change. Il s'agit d'un escompte.

2. Présentez les parties et les opérations sous la forme d'un schéma.

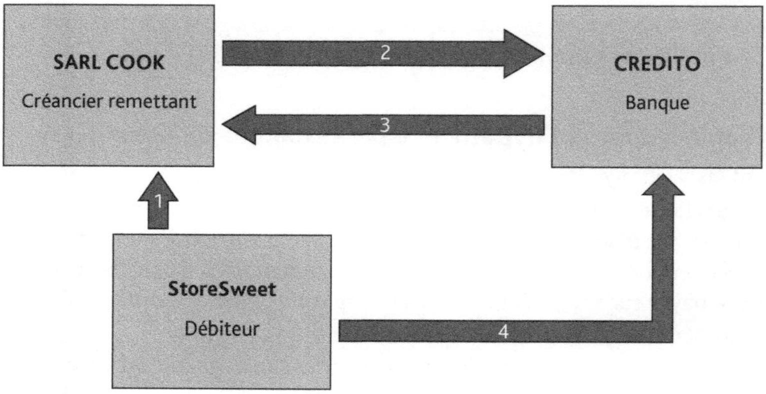

Nous présenterons le mécanisme pour le débiteur StoreSweet, il sera identique pour Pause-Café :

❶ La SARL COOK est payée par StoreSweet son débiteur par lettre de change.

❷ La SARL COOK transfère à la banque Credito la lettre de change. La banque Credito devient propriétaire de cet effet.

❸ En contrepartie, la banque Credito crédite le compte de la SARL COOK du montant de la lettre de change moins diverses retenues : des intérêts et des commissions.

❹ À l'échéance, Credito recouvre la lettre de change auprès de StoreSweet qui la paye.

3. Identifiez, dans cette situation, les droits de Credito.

Quels sont les effets de l'escompte pour le banquier ?

Principes juridiques. Le banquier ne supporte pas l'impayé. Il a la possibilité d'exercer un recours contre le créancier remettant dans l'hypothèse où l'effet de commerce ne serait pas réglé à échéance.

Application. En l'espèce, Crédito peut se retourner vers la SARL COOK à l'échéance pour recouvrer la créance qui lui a été transmise.

4. Analysez le refus de Pause-Café.

Principes juridiques. Une lettre de change acceptée doit être payée.

Application. En l'espèce, un contrat commercial lie la SARL COOK à PauseCafé. Le paiement s'effectue par la lettre de change cédée à la banque Crédito. Ces deux relations sont distinctes. Mais l'acceptation empêche PauseCafé d'invoquer les vices affectant les produits livrés. Elle doit régler sa créance sans pouvoir avancer des raisons tenant à la qualité du matériel livré par la SARL COOK.

6 Cas Campanile

Compétences attendues

- **Qualifier** le contrat en présence dans une situation donnée
- **Analyser** les caractéristiques essentielles des principaux contrats de l'entreprise
- **Caractériser** la protection des parties pour chacun des contrats

1. Qualifiez le contrat.

L'affacturage est un contrat commercial par lequel une personne, l'affactureur (ou factor) s'engage moyennant la perception d'une commission, à acheter tout ou partie des créances que son client, l'adhérent, possède contre des tiers.

2. Présentez le mécanisme de ce contrat et les obligations des parties.

La société Campanile, le client de la société d'affacturage ou adhérent, transmet l'ensemble de ses créances sur ses clients, elle paye au factor une rémunération et coopère avec lui pour l'exécution du contrat.

Factor France, la société d'affacturage, règle les factures approuvées. Les factures non approuvées sont payées à l'adhérent une fois recouvrées par la société d'affacturage. Celle-ci fournit divers services (ex. : recouvrement, tenue des comptes).

3. Précisez qui doit supporter l'impayé.

Quelles sont les dispositions concernant le recouvrement des créances dans un contrat d'affacturage ?

Principes juridiques. À l'échéance, le factor demande le règlement de la créance au client de l'adhérent. Celui-ci peut refuser de payer en invoquant des arguments juridiques inhérents à la créance du vendeur-adhérent. En effet la créance est transmise comme elle existait.

Application. En l'espèce, Normater peut refuser de payer Factor France.

4. Rappelez la définition de la clause de réserve de propriété et les conditions à réunir par Factor France pour en bénéficier.

Principes juridiques. Dans le contrat d'affacturage, la créance est transmise en l'état. Par conséquent, les droits dont disposait le vendeur-adhérent sont transmis à la société d'affacturage.

Une clause de réserve de propriété prévoit le transfert de propriété au paiement intégral du prix.

Application. En l'espèce, Factor France peut bénéficier de la clause de réserve de propriété.

Préparer l'épreuve

7 Situation pratique : cas Venceslas

Compétences attendues

- **Qualifier** le contrat en présence dans une situation donnée
- **Analyser** les caractéristiques essentielles des principaux contrats de l'entreprise
- **Caractériser** la protection des parties pour chacun des contrats

1. Madame Venceslas souhaiterait connaître la nature de son engagement. Après avoir défini le cautionnement, vous présenterez les parties en présence et leurs liens juridiques.

Principes juridiques. Le cautionnement est une sûreté personnelle. C'est un contrat par lequel une personne, la caution, garantit la dette d'autrui en s'engageant à payer le créancier si le débiteur cautionné ne s'exécute pas lui-même. Les parties au cautionnement sont la caution et le créancier. La caution s'engage à exécuter les obligations d'un débiteur défaillant. Le créancier se retournera vers la caution en cas d'inexécution des obligations de son débiteur principal.

Application. En l'espèce, Fanny Venceslas, débiteur principal a conclu un bail avec Adrien Saltienne, créancier. Adèle Venceslas a conclu un contrat de cautionnement avec Adrien Saltienne aux termes duquel elle accepte d'être caution de Fanny Venceslas. Elle s'engage à payer les sommes dues par Fanny Venceslas en cas de défaillance de celle-ci pendant la durée de du bail.

2. Fanny n'a pas payé le dernier mois de loyer. Précisez si le propriétaire de l'appartement peut réclamer ce montant à Mme Venceslas. Justifiez votre réponse

Quels sont les effets du cautionnement ?

Principes juridiques. Le cautionnement ne produit d'effet que lorsque le débiteur est défaillant. En principe la dette sera exigible à l'encontre de la caution quand elle le sera à l'encontre du débiteur principal. La plupart des cautions sont solidaires : le propriétaire peut faire appel directement à la caution dès le premier impayé, sans rechercher si le locataire pourrait payer. Il doit s'adresser à la caution de préférence par lettre recommandée avec avis de réception

Application. En l'espèce, il y a bien défaillance d'Adèle Venceslas, qui n'a pas réglé le loyer exigé par le bail conclu avec Adrien Saltiennne. Ce dernier peut se retourner contre Madame Venceslas en paiement du dernier loyer.

8 Situation pratique : cas Dubois

Compétences attendues

- **Qualifier** le contrat en présence dans une situation donnée
- **Analyser** les caractéristiques essentielles des principaux contrats de l'entreprise
- **Caractériser** la protection des parties pour chacun des contrats

1. Identifiez les contrats, qualifiez les parties en présence et leurs obligations.

Nous sommes en présence du mécanisme du crédit-bail. Il existe deux contrats.

- Un contrat de vente conclu entre le fournisseur et la filiale de la banque de ce fournisseur : le fournisseur vend à cet établissement une coupeuse automatique aux qualités précises.

Les obligations attachées au contrat de vente s'appliquent. Le vendeur a une obligation d'information et de conseil, l'obligation de délivrance conforme et l'obligation de garantie contre l'éviction et de garantie contre les vices cachés. La filiale de la banque a une obligation de retirement et de paiement du prix.

- Un contrat de crédit-bail entre M. Dubois, crédit-preneur, et la filiale de la banque de M. Dubois, crédit-bailleur. M. Dubois s'engage à entretenir et assurer la coupeuse, et payer les loyers. La filiale de banque s'engage à délivrer la coupeuse conforme et garantit M. Dubois contre les vices éventuels de la coupeuse, elle transmet à M. Dubois les droits acquis de son fournisseur dans le contrat de vente.

2. Présentez les avantages de ce type de montage pour M. Dubois.

En utilisant le mécanisme du crédit-bail pour se procurer la coupeuse, M. Dubois n'a pas à financer l'achat, ni à contracter un crédit auprès d'une banque. Il paie des loyers raisonnables, charges déductibles. Il dispose d'un matériel conforme à ses attentes.

3. Analysez la validité de l'article 7.

Principes juridiques. Comme énoncé en réponse à la première question, le crédit-bailleur transmet au crédit-preneur les droits acquis de son fournisseur.

Application. En l'espèce, l'article 7 n'est pas conforme et doit être modifié ou supprimé.

4. Présentez les solutions qui s'offriront à M. Dubois à l'issue du contrat.

Comment le contrat de crédit-bail se dénoue-t-il ?

Principes juridiques. Le crédit-bailleur dispose d'une triple option à l'issue de la durée fixée dans le contrat. Il peut acquérir le bien loué et verser à la société un prix résiduel qui tient compte des loyers versés. Il peut restituer le bien loué ou renouveler le contrat.

Application. En l'espèce, M. Dubois peut acheter la coupeuse au prix de 2 000 € prévu dans le contrat. Il peut rendre la copieuse, ce qui lui permettrait éventuellement de conclure un nouveau contrat de crédit-bail afin de disposer au bout de ces 4 ans d'un matériel plus moderne. Enfin, M. Dubois peut négocier le renouvellement du contrat initial.

PARTIE 3 : CAS DE SYNTHÈSE

L'ENTREPRISE ET LES CONTRATS

❶ Situations pratiques

NOTRE CONSEIL

N'hésitez pas à représenter les situations sous forme schématique.

1. Analysez l'argument de Jeanne.

Quelles sont les conditions d'exercice du droit de rétractation lors d'un contrat de consommation ?

Principes juridiques. Un contrat de consommation est un contrat entre un consommateur et un professionnel. Le consommateur bénéficie d'une protection en sa qualité de profane lors de la formation du contrat en particulier concernant le consentement. Les règles du droit général des contrats concernant la validité du consentement s'appliquent. Des délais de rétractation protègent le consommateur. Ils lui permettent de revenir sur son consentement sans qu'il ait à justifier cet emploi. L'exercice de ce droit permet d'anéantir le contrat conclu. Ce délai s'applique dans des cas spécifiques. Il est de 14 jours en matière de contrat à distance. En effet, en cette occurrence le consommateur achète sur un site et ne peut pas prendre la mesure de toutes les qualités du bien.

Application. En l'espèce, Jeanne a acheté l'appareil photo numérique dans un magasin. Elle a pu le voir, le toucher et a bénéficié des conseils du vendeur pour réaliser son achat. Elle ne bénéficie pas d'un délai de rétractation puisqu'il ne s'agit pas d'un contrat à distance.

2. Déterminez si Jeanne pourrait exercer une action en garantie des vices cachés.

Quelles sont les conditions de recours à l'action en garantie des vices cachés ?

Principes juridiques. Dans un contrat de vente, le vendeur doit respecter des obligations légales, en particulier la garantie des vices cachés. Il est tenu de garantir les défauts de la chose vendue qui la rendent impropre à l'usage auquel on la destine ou qui en diminuent tellement l'usage que l'acheteur ne l'aurait pas acquise ou aurait consenti un moindre prix.

Cette action suppose la réunion de plusieurs conditions. Le vice est antérieur à la vente, il diminue ou supprime l'usage de la chose vendue, le vice est non apparent et inconnu de l'acheteur. L'action est intentée dans un délai de deux ans à compter de la découverte du vice.

L'action présente une réelle insuffisance car elle suppose que l'acheteur apporte la preuve du vice. L'administration de cette preuve s'effectue par une expertise, source de conflictualité qui peut amener le consommateur a renoncé à son action. La loi offre une meilleure action : la mise en œuvre de la garantie légale de conformité. Cette garantie permet au consommateur la réparation ou le remplacement du bien si celui-ci n'est pas conforme au contrat.

La garantie des vices cachés est une garantie légale. Elle ne doit pas être confondue avec la garantie contractuelle offerte par le vendeur. En l'espèce, cette garantie concerne la réparation.

Application. En l'espèce, les dysfonctionnements du matériel de Jeanne font qu'elle ne peut pas l'utiliser normalement et sont caractéristiques d'un vice. Ce vice ne pouvait pas être détecté lors de l'achat et Jeanne ne le connaissait pas. Dans le cas contraire, elle n'aurait pas acheté cette tablette. Pour ce qui concerne les délais, Jeanne a acheté la tablette le 10 janvier de l'année N et découvert le vice le 10 février de cette année N ; elle dispose de deux ans pour intenter une action en garantie des vices cachés, soit jusqu'au 10 février de l'année N+2. Jeanne peut intenter une action en garantie des vices cachés, toutes les conditions sont réunies. Toutefois, Jeanne ferait mieux de mettre en œuvre la garantie légale de conformité. En effet, l'action en garantie des vices cachés suppose que Jeanne apporte la preuve de l'existence du vice antérieur à la vente.

3. Dans le cadre de cette action, précisez les demandes à formuler par Jeanne.

Quelles sont les actions possibles en garantie des vices cachés ?

Principes juridiques. L'acheteur dispose de deux actions possibles. L'action rédhibitoire permet à l'acheteur de demander que le prix lui soit rendu contre la restitution de la chose. Par l'action estimatoire l'acheteur demande que le prix soit réduit et la vente est maintenue.

Application. En l'espèce, Jeanne peut obtenir le remboursement de l'ordinateur, contre sa restitution. Compte tenu du dysfonctionnement, une diminution du prix n'est pas envisageable.

4. Qualifiez et définissez la clause. Indiquez les conséquences pour Jeanne.

Qu'est-ce qu'une clause pénale ?

Principes juridiques. Lors de la rédaction du contrat par les parties, celles-ci peuvent inclure des clauses particulières. Certaines clauses sont devenues des clauses d'usage. La clause pénale en fait partie.

Une clause pénale est une clause par laquelle une des parties, pour assurer l'exécution du contrat, s'engage à verser des pénalités dont le montant forfaitaire est fixé à l'avance, en cas d'inexécution. Une mise en demeure préalable du débiteur est nécessaire. Dans un contrat de consommation, la clause pénale est réglementée, elle ne doit pas être abusive. Une clause abusive crée un déséquilibre manifeste dans le contrat au profit du professionnel. Elle est réputée non écrite.

Application. En l'espèce, en application de la clause pénale, si la société Dartanger n'exécutait pas le contrat après avoir été mise en demeure, elle devrait verser à Jeanne la somme forfaitaire de 150 €, sauf en cas de faute lourde.

2 Contrat Le Tif

1. En vous appuyant sur le document 1, qualifiez le contrat conclu entre Jeanne Balican et Mathilde Lesbrune.

Principes juridiques. Le contrat de location-gérance est un contrat par lequel un commerçant, le loueur, met à la disposition d'un autre commerçant, le locataire-gérant, un fonds de commerce que ce dernier gère en son nom et à ses risques et périls.

Application. En l'espèce, Mathilde Lesbrune est le loueur, Jeanne Balican le locataire-gérant. Le contrat porte sur le fonds de commerce de coiffure Le Tif.

2. Précisez si Jeanne répondra des dettes de son activité sur ses biens personnels et si elle sera tenue de partager les bénéfices avec Mathilde Lesbrune.

Principes juridiques. Le locataire-gérant a la qualité de commerçant, il agit en son nom et pour son propre compte. Il supporte les risques et perçoit les bénéfices qui résultent de l'exploitation du fonds de commerce.

Le loueur est solidairement responsable avec le locataire-gérant des dettes contractées par ce dernier à l'occasion de l'exploitation du fonds jusqu'à la publication au JAL de la mise en location-gérance.

Application. En l'espèce, Jeanne perçoit les bénéfices (elle répond des dettes de son commerce sur ses biens personnels sauf sa résidence principale – sauf si elle opte pour le statut d'EIRL). Mathilde Lesbrune sera solidaire des dettes du fonds jusqu'à la publication de la mise en location-gérance au JAL.

3. Déterminez si Jeanne devra rembourser les éventuelles dettes de Mathilde Lesbrune contractées avant la signature du contrat.

En application au cas d'espèce des règles exposées dans la réponse à la question précédente, Jeanne n'est pas tenue de rembourser les dettes contractées par Mathilde Lesbrune avant la signature du contrat.

4. Analysez les obligations de Jeanne. Devra-t-elle poursuivre les contrats de travail des salariés de Mathilde Lesbrune ?

Principes juridiques. Le locataire-gérant est tenu de continuer les contrats de travail en cours conclus par le loueur. Le contrat rappelle cette disposition dans son article 9.

Application. En l'espèce, Jeanne devra poursuivre les contrats de travail des deux salariées.

5. Analysez le droit de Jeanne à percevoir une indemnité lors de la restitution du fonds de commerce dans l'hypothèse où elle en développerait le chiffre d'affaires.

Principes juridiques. À l'échéance du contrat, le loueur reprend le fonds. Le locataire-gérant n'a aucun droit à renouvellement ou à indemnité d'éviction, ni à indemnité compensatrice pour la plus-value procurée au fonds.

Application. En l'espèce, Jeanne ne touchera pas d'indemnité à la restitution du fonds, même si celui-ci a pris de la valeur.

6. Analysez la possibilité pour Jeanne de développer une activité d'onglerie.

Principes juridiques. Le locataire-gérant exploite le fonds conformément à sa destination. L'article 6.2 du contrat précise que le locataire-gérant ne pourra modifier ou déspécialiser le fonds qu'avec l'accord écrit et préalable du loueur.

Application. En l'espèce, Jeanne devra demander un accord écrit et préalable de Mathilde Lesbrune pour ajouter une activité d'onglerie.

7. Qualifiez l'article 5.2.

Principes juridiques. L'article 5.2 est une clause pénale. Celle-ci consiste en l'engagement d'une partie au contrat à quelque chose (souvent à verser une somme fixée à l'avance) en cas d'inexécution de ses obligations contractuelles.

Application. En l'espèce, l'article 5.2 du contrat prévoit la production de plein droit d'intérêts au taux légal qui vont courir en cas de non-paiement d'une ou de plusieurs échéances en plus du principal, sans qu'une mise en demeure ne soit nécessaire.

8. Vérifiez la validité de la clause 11.

La clause 11 est un engagement de non-rétablissement.

Principes juridiques. Pour être valide, une clause de non-rétablissement doit répondre aux trois conditions suivantes :

– être limitée dans le temps ;

– être limitée dans l'espace ;
– respecter le principe de proportionnalité.

Application. En l'espèce, la clause est limitée dans le temps (2 ans) et dans l'espace (10 kilomètres). En revanche, elle concerne tout commerce et ne respecte pas le principe de proportionnalité. Elle empêche le locataire-gérant de mener une activité commerciale. Cette clause n'est pas valide. Elle doit se limiter au commerce de la coiffure.

9. Étudiez la répartition des charges liées au contrat.

Principes juridiques. Le locataire-gérant paie une redevance et assume les charges liées à son activité. Le loueur du fonds de commerce prend en charge les frais liés au fonds.

Application. En l'espèce, l'article 6 précise qu'il sera dressé, lors de l'entrée en jouissance, un état des lieux contradictoirement entre les parties et le locataire-gérant devra maintenir les lieux, le matériel et le mobilier commercial en bon état ainsi que lors de l'arrivée du terme du contrat, ou rendre des objets semblables en même nombre et de valeur égale à celle établie lors de l'inventaire.

Toutes les réparations d'entretien sont à la charge du locataire-gérant qui devra assurer ses biens propres, matériels, mobiliers et marchandises et ainsi couvrir sa responsabilité civile professionnelle. Enfin, le locataire-gérant acquittera, à compter de sa prise de possession du fonds de commerce, les impôts et taxes résultant de l'exploitation du fonds.

10. Vérifiez la validité de la clause 15. Précisez si Jeanne pourrait, en cas de litige, saisir un tribunal.

Principes juridiques. Une clause compromissoire est une clause du contrat par laquelle les partis décident de ne pas recourir aux tribunaux et de soumettre leurs différends à l'arbitrage. Pour être valide, cette clause doit préciser le nom de l'arbitre et son mode de désignation. Les parties qui décident de recourir à l'arbitrage ne peuvent pas recourir à la justice étatique si la clause compromissoire est valide. Le juge saisi se déclarerait incompétent.

Application. En l'espèce, la clause compromissoire est valide. Elle figure dans le contrat et l'arbitre est désigné d'un commun accord. Tout litige devra être soumis à l'arbitrage, sauf accord des parties pour y renoncer et soumettre leur différend à un tribunal.

11. Déterminez si Jeanne pourra être remboursée des travaux relatifs à l'embellissement.

Principes juridiques. Une fois le terme du contrat échu, le locataire-gérant n'a aucun droit à renouvellement ou à indemnité d'éviction, ni à indemnité compensatrice pour la plus-value procurée au fonds.

Application. Mathilde Lesbrune ne pourra pas se faire rembourser des frais liés aux travaux d'embellissement qu'elle a engagés.

CHAPITRE 16 Les responsabilités civiles et pénales

Évaluer les savoirs

1 QCM

1. b. La responsabilité civile extracontractuelle peut reposer sur une faute ou sur l'absence de faute. La responsabilité contractuelle repose sur un fait générateur : la mauvaise exécution ou la non-exécution du contrat.

2. c. La responsabilité pénale est fondée sur la violation d'une loi ou d'un règlement, considérée comme dommageable d'un point de vue social, même si l'acte ne porte préjudice à personne en particulier.

3. c. La responsabilité civile répare un dommage causé à autrui. La responsabilité pénale punit un coupable.

4. a, b et c. Les responsabilités civiles et pénale n'ont pas le même fondement. La responsabilité pénale sanctionne un comportement socialement répréhensible. Les responsabilités civiles sanctionnent un dommage. Par conséquent, un acte socialement répréhensible peut avoir créé un dommage et ainsi engager les responsabilités pénale et civile extracontractuelle de son auteur.

5. a, b et c. Toute infraction se décrit avec trois éléments : l'élément légal (pas d'infraction sans texte), l'élément matériel (une atteinte à l'ordre social) et un élément moral (la volonté de l'auteur).

6. b, c. Les participants à l'infraction sont des auteurs ou des complices, personne physique ou personne morale. Le complice est puni des mêmes peines que l'auteur.

7. a, c. La peine a pour fonction l'intimidation, la rétribution et la réadaptation.

8. a. La responsabilité civile relève du tribunal judiciaire et du tribunal de proximité. La sanction est la réparation du dommage.

Maîtriser les compétences

2 Responsabilité(s)

Compétences attendues

- **Différencier** les notions de responsabilité civile et pénale
- **Vérifier** la présence des conditions de la responsabilité pénale, pour une situation juridique donnée
- **Identifier** les actions en responsabilité possibles dans une situation juridique donnée

Décryptage des compétences

Le candidat est capable de distinguer :
- la responsabilité civile délictuelle et la responsabilité pénale ;
- dans une situation donnée, les éléments qui relèvent d'une responsabilité civile et/ou d'une responsabilité pénale, qu'il s'agisse d'une responsabilité cumulative ou alternative.

1. Précisez, dans les situations suivantes, la nature de la responsabilité engagée. Justifiez votre réponse.

Principes juridiques. La responsabilité civile répare un dommage causé à autrui. Elle est contractuelle s'il existe un contrat entre l'auteur du dommage et la victime.

La responsabilité pénale sanctionne un comportement constitutif d'une infraction prévue par les lois ou les règlements.

Application. 1. Mme Lancien s'est fait dérober son sac à main dans la rue : responsabilité pénale

2. Xavier, chauffeur de taxi commet une faute de conduite. Il dérape, blesse un piéton et ses passagers : responsabilité civile contractuelle vis-à-vis de ses passagers, extracontractuelle vis-à-vis des piétons.

3. Ahmed vient d'acquérir une voiture d'occasion auprès du garage Carré d'As. Quelques jours après, il s'aperçoit que le compteur a été trafiqué : responsabilités pénale et contractuelle.

4. Un piéton blesse son voisin à l'œil en ouvrant son parapluie : responsabilité extra-contractuelle.

5. Le panneau publicitaire de la régie Publivore s'est écroulé sur un passant en pleine rue : responsabilité extracontractuelle.

6. Le restaurant Première marée a servi à des clients des huîtres mal conservées. Ils ont été hospitalisés. Responsabilité contractuelle

7. La famille Grangaillard a été blessée par une chaudière qui a explosé dans un chalet de location : responsabilité contractuelle.

8. Rokhya, joueuse professionnelle de hockey sur glace, a été renversée par une voiture en sortant de la patinoire. Elle ne pourra plus exercer ce sport : responsabilité extracontractuelle.

3 Cas Cost

Compétence attendue — **Vérifier** la présence des conditions de la responsabilité pénale, pour une situation juridique donnée

À l'aide de vos connaissances et du document, repérez les éléments constitutifs de l'infraction.

Quelles sont les conditions de la responsabilité pénale ?

Principes juridiques. La mise en œuvre de la responsabilité pénale suppose la commission d'une infraction.

L'infraction est une action ou une omission imputable à son auteur, prévu ou punie par la loi d'une sanction pénale.

Les trois éléments de l'infraction sont :

- un élément légal : il n'existe pas d'infraction sans texte ;
- un élément matériel : un fait observable ;
- un élément moral : l'acte matériel doit être imputé à son auteur.

Application. En l'espèce, l'abus de confiance est défini à l'article 314-1 du Code pénal et puni d'une peine d'emprisonnement et d'une amende (élément légal). M. Cost a détourné de l'argent de la banque à son profit (élément matériel). Le détournement a été l'œuvre de la volonté de M. Cost (élément moral).

Préparer l'épreuve

4 Situation pratique : cas Bogdanov

Compétence attendue

Identifier les actions en responsabilité possibles dans une situation juridique donnée

Décryptage des compétences

Selon le contexte mis en évidence, le candidat est capable de reconnaître les conditions de la mise en œuvre de la responsabilité environnementale de l'entreprise et d'en évaluer les conséquences quant au préjudice écologique à indemniser.

1. Identifiez, dans chacune des situations, le régime de responsabilité concerné. Justifiez votre réponse.

Principes juridiques. L'action en responsabilité civile suppose l'existence au préalable d'un contrat. Elle repose sur un dommage qui est la mauvaise exécution, le retard d'exécution ou la non-exécution du contrat.

La responsabilité extracontractuelle répare un dommage et existe en l'absence de contrat.

La responsabilité pénale suppose la commission d'une infraction qui présente des éléments légal, matériel et moral.

Application. En l'espèce, un concurrent de M. Bogdanov critique ses méthodes de vente et la qualité de ses produits. M. Bogdanov subit un dommage. Il n'existe pas de contrat entre M. Bogdanov et son concurrent. La responsabilité est civile extracontractuelle. (Chapitre 8, action en concurrence déloyale).

Par ailleurs, un salarié dénigre publiquement M. Bogdanov dans un article de presse. Cette pratique, porte atteinte à l'honneur ou à la considération de sa personne, elle est définie et sanctionnée par la loi sur la liberté de la presse qui la qualifie de diffamation (élément légal). L'ancien salarié de M. Bogdanov a commis un fait observable, le témoignage dans la presse (élément matériel), aux termes de l'article 32 de la loi sur la liberté de la presse il s'agit d'une diffamation envers un particulier par moyen de presse, le fait lui est imputable (élément moral). La responsabilité est pénale.

2. Précisez les sanctions appliquées au concurrent et à l'ancien salarié de M. Bogdanov.

Comment les responsabilités civile et pénale sont-elles sanctionnées ?

Principes juridiques. La responsabilité civile répare les dommages. La responsabilité civile contractuelle répare uniquement les dommages prévus au contrat. La responsabilité civile extracontractuelle répare tout dommage causé à un tiers.

La responsabilité pénale est sanctionnée par une peine qui prend la forme d'une atteinte aux personnes (ex : emprisonnement), aux biens (ex : amendes) ou aux droits (ex : interdiction d'exercice d'une activité). Cette peine est prévue par le législateur.

Application. En l'espèce, le concurrent poursuivi pour mise en cause de sa responsabilité extracontractuelle devra réparer le dommage causé à M. Bogdanov dans l'exercice de sa profession de commerçant sous la forme de dommages-intérêts en réparation de sa baisse de chiffre d'affaires. Les juges peuvent éventuellement prévoir une publication dans la presse afin d'informer les clients.

Le salarié de M. Bogdanov a commis une infraction punie par la loi d'une amende de 12 000 €.

5 Situation pratique : Les Cœurs de Véro

Compétences attendues

- **Différencier** les notions de responsabilité civile et pénale
- **Différencier** responsabilité civile extracontractuelle et responsabilité civile contractuelle
- **Identifier** les caractéristiques du préjudice réparable dans une situation juridique donnée

1. Identifiez le fondement juridique de la responsabilité des Coeurs de Véro.

Quels sont les fondements de mise en œuvre de la responsabilité civile ?

Principes juridiques. La responsabilité civile répare un dommage. Deux régimes de responsabilité civile coexistent. L'action en responsabilité civile contractuelle suppose l'existence au préalable d'un contrat. Elle repose sur un dommage qui est la mauvaise exécution, le retard d'exécution ou la non-exécution du contrat. La responsabilité extracontractuelle répare un dommage et existe en l'absence de contrat. Elle peut être mise en œuvre du fait personnel et suppose l'existence d'une faute, du fait d'autrui ou du fait des choses que l'on a sous sa garde.

Application. En l'espèce, le dommage causé à Julie résulte de la rupture du fauteuil du salon de thé. La responsabilité du fait des choses ne saurait être retenue car il existe entre Julie et le salon de thé Les Cœurs de Véro un contrat. Le fondement juridique de la mise en œuvre de la responsabilité du salon de thé est la responsabilité contractuelle.

2. Déterminez si les conditions de mise en oeuvre de la responsabilité du salon de thé sont réunies.

Quelles sont les conditions de la responsabilité civile contractuelle ?

Principes juridiques. La responsabilité civile contractuelle suppose un contrat entre la victime et l'auteur du dommage. Trois conditions doivent être réunies : le fait générateur qui est la mauvaise exécution, le retard ou la non-exécution des obligations contractuelles, un dommage et un lien de causalité entre le dommage et le fait générateur

Application. En l'espèce, Julie a été hospitalisée à la suite de sa chute, elle a subi un dommage. Celui-ci est dû à la défaillance d'un matériel mis à la disposition de ses clients par le salon de thé. Cette situation entre dans la réalisation du contrat conclu entre Julie et le salon. Par conséquent la responsabilité contractuelle du salon Les cœurs de Véro peut être retenue.

3. Conseillez Les Cœurs de Véro sur l'attitude à adopter.

Quelles sont les causes d'exonération en cas de responsabilité civile contractuelle ?

Principes juridiques. Le débiteur peut s'exonérer en invoquant un cas de force majeure, la faute du créancier (le cocontractant) ou le fait d'un tiers. La force majeure est un événement qui échappe au contrôle du débiteur, qui ne pouvait être raisonnablement prévu lors de la conclusion du contrat et dont les effets ne peuvent pas être évités par des mesures appropriées. Le fait du créancier est la participation à la réalisation du dommage qui peut exonérer, au moins en partie, le débiteur. Le fait d'un tiers est un acte émanant d'une personne autre que les cocontractants et présentant les caractères de la force majeure.

Application. En l'espèce, les éléments du cas ne mettent pas en évidence l'intervention d'un tiers dans le dommage ni un cas de force majeure. Le salon Les cœurs de Véro pourrait invoquer la faute de Julie.

6 Commentaire de document : Max X.

Compétences attendues

- **Identifier** les actions en responsabilité possibles dans une situation juridique donnée
- **Vérifier** la présence des conditions de la responsabilité pénale, pour une situation juridique donnée

1. Identifiez les faits.

Max X a recelé des fonds qu'il savait provenir de sa compagne au préjudice de la SA Alombrad et de la SA Infraplus. Il a également apporté son concours à sa compagne pour réaliser une opération d'escroquerie. Max X. a été relaxé du délit d'escroquerie mais jugé coupable du blanchiment des fonds.

2. Relevez dans la décision de la Cour de cassation les trois éléments de l'infraction.

Principes juridiques. Une infraction se caractérise par un élément légal, un élément matériel et un élément moral.

Application

- Élément légal : le blanchiment est une infraction pénale (Code pénal, art. 324-1).
- Élément matériel : achat d'un bien indivis grâce aux fonds provenant du délit d'escroquerie de sa compagne et versés sur son compte.
- Élément moral : Max X. ne pouvait ignorer la provenance frauduleuse des fonds compte tenu de l'importance des sommes et de la situation financière et judiciaire de sa compagne.

CHAPITRE 17

La responsabilité civile extracontractuelle

Évaluer les savoirs

1 QCM

1. a, b, d. La responsabilité du fait personnel repose sur une faute et l'existence d'un préjudice. Le responsable peut s'exonérer en déniant tout lien de causalité. Il devra démontrer que le dommage est dû à une cause étrangère qui ne lui est pas imputable : la force majeure, le fait d'un tiers ou la faute de la victime.

2. b, c, e. L'employeur est automatiquement responsable des dommages causés par ses salariés dans les fonctions auxquelles il les a employés. Elle suppose l'existence d'une faute du salarié en rapport avec ses fonctions. La présomption de responsabilité de l'employeur est irréfragable, il ne peut donc pas s'exonérer.

3. b, c, d. On est responsable des choses que l'on a sous sa garde. La garde implique la maîtrise de la chose caractérisée par le pouvoir d'usage, de contrôle et de direction.

4. b, c. Le trouble anormal de voisinage est une responsabilité sans faute qui repose sur l'existence d'un dommage. Il est caractérisé par un abus de droit attaché à l'usage du bien. Le propriétaire n'est donc pas seul concerné. Cet abus est apprécié objectivement par le juge.

5. a, c, d. Le préjudice doit présenter certaines qualités pour être réparé. Il doit être certain, déterminé, actuel (même futur), direct et reposer sur un intérêt légitime.

6. a, c, d, e. La responsabilité des produits défectueux répare un dommage qui résulte d'une atteinte à la personne ou à un autre bien que le produit défectueux lui-même. C'est une responsabilité de plein droit, toutefois le producteur pourra s'exonérer dans certains cas. Cette responsabilité supprime toute distinction entre la responsabilité contractuelle et extracontractuelle.

7. b, d, e. Le préjudice environnemental (ou écologique) est un régime de responsabilité autonome, il est déconnecté de tout préjudice personnel. L'action est ouverte à toute personne ayant qualité et intérêt à agir, elle est prescrite par un délai de 10 ans à compter du jour où le titulaire de l'action a connu ou aurait dû connaître la manifestation du préjudice. La réparation s'effectue par priorité en nature.

2 Une cliente bien maladroite

Choisissez, parmi les propositions ci-après, le régime de responsabilité appliqué dans chacune des situations. Justifiez vos réponses.

1. Naëlle fait ses courses dans une grande surface. Elle prend une bouteille d'huile d'olive dans les rayons pour en consulter la composition et celle-ci lui échappe des mains. Responsabilité du fait personnel.

2. Un peu plus loin dans le rayon vaisselle, elle heurte avec sa poussette une pile d'assiettes qui s'effondre : responsabilité du fait personnel

3. Après avoir, délicatement cette fois-ci, déposé une bouteille de limonade dans son chariot, elle avance et cette dernière explose et blesse son enfant : responsabilité du fait des produits défectueux.

4. Son chien, Pluto s'échappe et atterrit après une course folle dans le rayon des sodas, renversant plusieurs palettes de canettes : responsabilité du fait des choses.

Maîtriser les compétences

3 Corentin

Compétences attendues

- **Identifier** les actions en responsabilité possibles dans une situation juridique donnée
- **Identifier** les caractéristiques du préjudice réparable dans une situation juridique donnée

Décryptage des compétences

Dans une situation donnée, le candidat est capable :
- d'apprécier le degré de responsabilité de l'entreprise en mettant en évidence les éléments de cette mise en responsabilité civile ;
- de relever le fait fautif ou non fautif, de caractériser le ou les types de dommages indemnisables et de justifier le lien de causalité.

Parmi les dommages indemnisables, le candidat ne devra pas oublier le préjudice écologique.

1. Déterminez qui est responsable dans ces deux situations.

- Quelles sont les conditions de la responsabilité des commettants (employeur) du fait de leurs préposés (salarié) ?

Principes juridiques. Les commettants sont responsables du dommage causé par leurs préposés dans les fonctions auxquelles ils les ont employés. Trois conditions sont exigées. Un lien de préposition doit exister, la tâche accomplie doit l'être sous l'autorité ou la subordination de l'employeur. Une faute doit être commise par le préposé en rapport avec ses fonctions et dans l'intérêt de l'employeur. Celle-ci a entrainé un dommage. La responsabilité du commettant est irréfragable. L'employeur dispose d'un recours contre le salarié si celui-ci a excédé les limites de ses fonctions.

Application. En l'espèce, le dommage au toit de la maison de M. Lenglet a été réalisé dans le cadre de l'intervention pour réparation par un salarié de la société Couvertures du Val. Ce travail entre dans le cadre des fonctions du salarié. L'employeur est responsable vis-à-vis de M. Lenglet.

- Quelles sont les conditions de la responsabilité du fait des choses ?

Principes juridiques. On est responsable des choses que l'on a sous sa garde, c'est une responsabilité de plein droit du gardien de la chose. La responsabilité du fait des choses suppose la présence d'une chose qui intervient dans le dommage. La garde de la chose est sa maîtrise qui se caractérise par le pouvoir d'usage, de contrôle et de direction. Le gardien peut s'exonérer en invoquant une cause étrangère qui ne lui soit pas imputable, ou un cas de force majeure.

Application. En l'espèce, le dommage a été causé par une chose (l'outil de jardin) dont M. Lenglet a la garde. Par conséquent, M. Lenglet est responsable.

2. Classez les types de préjudices et précisez s'ils présentent les caractères requis pour être réparés.

- Quels sont les différents types de préjudices ?

Principes juridiques. Un préjudice est matériel lorsqu'un bien est détruit ou détérioré. Il est moral lorsqu'il a des atteintes aux droits extrapatrimoniaux. Il est corporel lorsqu'il est une atteinte à l'intégrité physique d'une personne.

Application. En l'espèce, nous sommes en présence, dans le premier cas, d'une atteinte aux biens ; il s'agit d'un préjudice matériel. Dans le second cas, le préjudice est corporel.

- Quels sont les caractères d'un préjudice réparable ?

Principes juridiques. Pour pourvoir être réparé, un préjudice doit être certain, déterminé, actuel, direct et porter atteinte à un intérêt légitime.

Application. En l'espèce, des dégâts sont causés au toit de la maison de M. Lenglet. Ce préjudice peut être prouvé et évalué ; il résulte de la chute de Corentin à travers le toit au cours de la réparation de la toiture de la maison appartenant à M. Lenglet.

Par ailleurs, l'atteinte à la personne de Corentin est certaine (il a dû subir des points de suture à l'hôpital) ; elle peut être évaluée et constatée.

En conséquence, l'ensemble des préjudices est réparable.

4 Champagne !

Compétence attendue — **Identifier** les actions en responsabilité possibles dans une situation juridique donnée

1. Sur quel fondement juridique la responsabilité du magasin Titan peut-elle être engagée ?

Quel est le domaine de la responsabilité du fait des produits défectueux ?

Principes juridiques. La responsabilité du fait des produits défectueux répare un dommage qui résulte d'un produit défectueux et qui est une atteinte à une personne ou à un autre bien que le produit défectueux lui-même. Cette responsabilité supprime toute distinction entre la responsabilité contractuelle et extracontractuelle. Le responsable est le producteur et le fournisseur. Un produit défectueux est un produit mis en circulation qui n'offre pas la sécurité à laquelle on peut légitimement s'attendre.

Application. En l'espèce, la bouteille de champagne a été achetée chez Titan et elle est à l'origine des dommages. La responsabilité de Titan pourrait être retenue sur les fondements de la responsabilité du producteur du fait des produits défectueux.

2. Les conditions de mise en œuvre de la responsabilité de Titan sont-elles réunies ?

Quelles sont les conditions de la responsabilité du fait des produits défectueux ?

Principes juridiques. La responsabilité du fait des produits défectueux suppose que la victime apporte la preuve du dommage et du défaut, ainsi que le lien de causalité entre le défaut et le dommage. Le producteur peut s'exonérer en invoquant la force majeure et la faute de la victime.

Application. En l'espèce, on est en présence d'un dommage causé à des biens autres que le produit défectueux. Dimitri devra apporter la preuve de la défectuosité du produit et des dommages subis. La société Titan pourrait éventuellement s'exonérer en apportant la preuve d'une faute de Dimitri lors de l'ouverture de la bouteille.

5 Habitat Form

Compétences attendues

- **Apprécier** le respect des conditions de mise en œuvre de la responsabilité civile et les causes d'exonération dans une situation donnée
- **Identifier** les caractéristiques du préjudice réparable dans une situation juridique donnée

1. Identifiez le fondement juridique permettant aux époux Aristide d'obtenir réparation.

Quels sont les fondements de la mise en œuvre de la responsabilité pour troubles anormaux de voisinage ?

Principes juridiques. Le trouble anormal de voisinage est une responsabilité sans faute qui repose sur l'existence d'un dommage. Une activité licite peut donner lieu à réparation dès lors qu'elle crée pour le voisinage un inconvénient excessif. Il est caractérisé par un abus de droit attaché à l'usage du bien. La notion de voisinage s'entend d'une aire de proximité dans laquelle vivent plusieurs personnes.

Application. En l'espèce, la construction de l'immeuble d'Habitat Form crée des nuisances visuelles constitutives d'un dommage pour les époux Aristide. Ce dommage pourrait être réparé sur le fondement du trouble anormal de voisinage.

2. Déterminez si l'action des époux Aristide a une chance d'aboutir.

Quelles sont les conditions de mise en œuvre de la responsabilité pour troubles anormaux de voisinage ?

Principes juridiques. La responsabilité pour troubles anormaux de voisinage est une responsabilité sans faute. Le fait générateur est l'existence d'un trouble anormal ou d'une nuisance qui entraîne la réparation. Ces nuisances doivent avoir un caractère excessif, un caractère continu et permanent. Le dommage doit être prouvé par la victime. Le juge est souverain pour apprécier le dépassement des inconvénients de voisinage.

Application. En l'espèce, les époux Aristide peuvent apporter la preuve de l'absence d'ensoleillement de leur pavillon et de la transformation de la partie sud de leur pavillon en une sorte de puits sans vue ni lumière. Cette nuisance est continue et permanente. Il appartiendra au juge d'apprécier la situation qui lui sera présentée.

3. Expliquez comment ce préjudice pourrait être réparé.

Quelles sont les modes de réparation d'un préjudice ?

Principes juridiques. La réparation d'un préjudice est intégrale. La victime ne doit ni souffrir du dommage ni s'enrichir de sa réparation. Le préjudice est évalué le jour du jugement. La réparation peut prendre la forme d'indemnité ou en nature.

Application. En l'espèce, une indemnité peut être allouée aux époux Aristide ou des travaux demandés à la société Habitat Form. Il appartiendra au juge de fixer la réparation correspondant au préjudice qu'il retiendra.

4. Qualifiez le préjudice né de l'opération immobilière et précisez comment ce dernier pourrait être réparé.

Qu'est ce qu'un préjudice environnemental ? Comment peut-il être réparé ?

Principes juridiques. Un préjudice environnemental consiste en une atteinte aux éléments ou aux fonctions des écosystèmes ou aux bénéfices collectifs tirés par l'homme de l'environnement.

La réparation s'effectue par priorité en nature. En cas d'impossiblilité le juge condamne le responsable à des dommages-intérêts. Si celui-ci ne peut prendre les mesures nécessaires, les dommages-intérêts sont versés à l'Etat.

Application. En l'espèce, la société Habitat Form peut être condamnée à remettre le parc naturel en l'état, soit supprimer son empiètement et replanter des arbres. Le juge peut éventuellement demander à la société de verser à la région (ou à l'État, selon le classement du parc) des dommages-intérêts équivalents aux travaux à réaliser.

Préparer l'épreuve

6 Situation pratique : cas Claude Laferre

Compétence attendue — **Apprécier** le respect des conditions de mise en œuvre de la responsabilité civile et les causes possibles d'exonération dans une situation donnée

Présentez, dans une note de synthèse, une argumentation juridique adaptée à la situation de Claude Laferre et portant sur la responsabilité de la banque Financière Atlantique.

Les commettants sont responsables du dommage causé par leurs préposés dans les fonctions auxquelles ils les ont employés. La responsabilité du commettant est irréfragable.

Il n'est pas possible d'apporter la preuve contraire en cas de présomption irréfragable.

En l'espèce, le problème est la responsabilité d'une banque pour le fait de l'un de ses salariés. Trois conditions sont exigées. Un lien de préposition doit exister, la tâche accomplie doit l'être sous l'autorité ou la subordination de l'employeur. Une faute doit être commise par le préposé en rapport avec ses fonctions et dans l'intérêt de l'employeur. Celle-ci a entraîné un dommage. L'employeur dispose d'un recours contre le salarié si celui-ci a excédé les limites de ses fonctions.

En l'espèce, le critère déterminant pour apprécier les conditions d'application de la responsabilité de l'employeur est le comportement de la victime. Il pourrait être reproché à Claude Laferre de n'avoir pu ignorer que les opérations auxquelles il se livrait avec le salarié de la banque, M. Vaillant, avaient un caractère anormal et personnel.

La banque ne saurait être responsable pour le fait d'un salarié dès lors que la victime, qui n'est pas cliente de la banque, a confié au salarié d'importantes sommes d'argent pour les prêter à court terme à d'autres personnes, sans délivrance de reçus, à un taux largement supérieur aux taux courants et sur des appels de fonds réalisés par le salarié de la banque. L'attitude de Claude Laferre, commerçant de surcroît, démontrait que ses relations avec M. Vaillant, salarié de la banque, s'étaient placées hors des fonctions de celui-ci, condition essentielle pour mettre en œuvre la responsabilité d'un commettant.

7 Commentaire de document : Side-car cross

Compétence attendue

Apprécier le respect des conditions de mise en œuvre de la responsabilité civile et les causes possibles d'exonération dans une situation donnée

En vous appuyant sur vos connaissances et sur le dossier documentaire, analysez et commentez l'apport de la décision de la Cour de cassation du 14 avril 2016.

Dans l'affaire portée devant la Cour de cassation, le problème de droit était le suivant : comment la notion de gardien de la chose est-elle appréciée lors d'une compétition en side-car cross ?

Dans l'arrêt du 14 avril 2016 (pourvoi n° 15-17732), la Cour de cassation a relevé que le side-car cross n'avait pas deux pilotes mais un pilote et un passager appelé « le singe », les deux formant un équipage. Les rôles de chacun sont bien différenciés. Le passager corrige la trajectoire et le rééquilibre par ses acrobaties. Le pilote dirige la machine, en maîtrise donc la vitesse, le freinage et le braquage des roues. Aussi le pilote peut-il utiliser le véhicule sans passager alors que l'inverse est impossible. Le rôle du pilote est donc prépondérant dans la conduite du side-car cross. Par conséquent, le pilote est le gardien de la chose, il en a seul la maîtrise.

Seul le pilote a la garde du side-car cross ; il est responsable des dommages causés par le side-car cross, en application du régime de responsabilité du fait des choses. Il appartiendra à l'organisateur d'en informer les participants.

1 Situations pratiques

NOTRE CONSEIL

N'hésitez pas à représenter les situations pratiques sous une forme schématique.

1. Déterminez le responsable de la dégradation du lavabo.

Quelles sont les conditions de la responsabilité des commettants (employeur) du fait de leurs préposés (salarié) ?

Principes juridiques. Les commettants sont responsables du dommage causé par leurs préposés dans les fonctions auxquelles ils les ont employés. Trois conditions sont exigées. Un lien de préposition doit exister, la tâche accomplie doit l'être sous l'autorité ou la subordination de l'employeur. Une faute doit être commise par le préposé en rapport avec ses fonctions et dans l'intérêt de l'employeur et avoir entraîné un dommage. La responsabilité du commettant est irréfragable. L'employeur dispose d'un recours contre le salarié si celui-ci a excédé les limites de ses fonctions.

Application. En l'espèce, le dommage au lavabo de M et Mme Facon a été réalisé dans le cadre de l'intervention pour réparation de la fuite d'eau par un salarié de la société La Plomberie Moderne. La dépose du lavabo entre dans le cadre de la recherche de la fuite et entre donc dans les fonctions du salarié. La société La Plomberie Moderne est responsable.

2. Déterminez le responsable de la dégradation de la lampe.

Quelles sont les conditions de la responsabilité du fait personnel ?

Principes juridiques. Le fait générateur de la responsabilité du fait personnel repose sur une faute qui doit être prouvée par la victime. L'article 1240 du Code civil pose un principe général de responsabilité. La responsabilité s'étend au dommage commis par imprudence ou par négligence (C. civ., art. 1241).

Application. En l'espèce, la responsabilité de la société La Plomberie Moderne doit être écartée car le salarié de cette société intervient en dehors du périmètre de ses fonctions. Les époux Facon devront mettre en jeu la responsabilité du fait personnel du salarié de la société.

3. Précisez si une infraction est constituée et, le cas échéant, qui devra en répondre.

Quels sont les éléments constitutifs d'une infraction pénale ?

Principes juridiques. L'infraction est une action ou une omission imputable à son auteur, prévu ou punie par la loi d'une sanction pénale.

Les trois éléments de l'infraction sont :

- Un élément légal : il n'existe pas d'infraction sans texte ;
- Un élément matériel : un fait observable ;
- Un élément moral : l'acte matériel doit être imputé à son auteur.

Application. En l'espèce, le fait pour un associé de présenter un bilan ne donnant pas une image fidèle de la situation financière est une infraction visée à l'article L. 241-3,3° du Code de commerce ; elle est punie d'une peine d'emprisonnement et d'une amende (élément légal). Alix a présenté aux associés un bilan inexact en vue d'obtenir un prêt (élément matériel). Cet acte a été l'œuvre de la volonté d'Alix, gérant de la société qui a agi en toute conscience (élément moral). Les trois éléments de l'infraction étant présents, l'infraction est constituée.

En application de l'article L. 241-3,3° du Code de commerce, le gérant répond de l'infraction.

4. En vous appuyant sur le document 2, analysez les moyens dont dispose La Plomberie moderne pour obtenir réparation des préjudices subis.

Principes juridiques. Le producteur répond des dommages causés par son produit défectueux. C'est un bien mobilier qui présente deux caractères : il est mis en circulation et n'offre pas la sécurité à laquelle on peut légitimement s'attendre. Le responsable est le producteur ou le fournisseur. Cette responsabilité du producteur est de plein droit et porte sur les dommages causés aux biens autres que le produit défectueux et aux personnes.

La mise en oeuvre de la responsabilité du fait des produits défectueux suppose que la victime apporte la preuve du dommage et du défaut, ainsi que la preuve du lien de causalité entre le défaut et le dommage.

Application. En l'espèce, la société La Plomberie moderne peut mettre en œuvre la responsabilité de son fournisseur de compresseurs pour les dommages causés du fait du produit défectueux aux chaudières qu'il monte. Elle devra apporter la preuve des dommages causés aux chaudières par les compresseurs, la preuve de leurs défauts, ainsi que celle du lien de causalité.

N.B. : concernant la défectuosité du compresseur lui même, il faudra agir en garantie des vices cachés.

2 Note

5. En vous appuyant sur vos connaissances et sur le document 3, présentez à Corentin une argumentation juridique adaptée.

- **Analyse préliminaire du document 3**

Parties et faits. Jacques Y et Mme X, demandeurs au pourvoi, ont poursuivi la société d'HLM Languedoc Logis, défendeur pour avoir construit un ensemble de 72 logements sur un terrain auparavant couvert de vignes, juste en face de leur maison d'habitation, située dans une commune d'environ 4 000 habitants.

Problème de droit posé à la Cour de cassation. Y a-t-il trouble anormal de voisinage lorsqu'une construction a été réalisée conformément aux règles d'urbanisme ?

Position de la Cour de cassation. Les conseillers en Cour de cassation ont apprécié le trouble anormal de voisinage alors même que les constructions avaient été réalisées conformément aux règles d'urbanisme. Ils se sont attachés à l'existence de troubles dépassant la commune mesure.

Apport de cette décision quant aux arguments utilisables par les parties dans ce type de situation. L'action en responsabilité pour trouble anormal de voisinage peut être intentée contre toute personne qui dépasse le niveau de nuisance acceptable. Cette action pourra être menée contre toute personne à l'origine du trouble, même si l'utilisation de son bien est légale et si cette personne a obtenu les autorisations administratives nécessaires. Le seul argument examiné par le juge est le trouble anormal et excessif.

- **Formulation de la réponse à la question**

Corentin a eu connaissance d'un projet d'urbanisme autorisé situé dans une zone classée qui jouxte sa propriété.

Il peut invoquer le trouble anormal de voisinage. C'est une responsabilité sans faute. Le fait générateur est l'existence d'un trouble anormal ou d'une nuisance qui entraîne la réparation. Ces nuisances doivent avoir un caractère excessif, continu et permanent.

Le dommage doit être prouvé par la victime. Le juge est souverain pour apprécier le dépassement des inconvénients de voisinage. Dans un arrêt de la Cour de cassation (pourvoi n° 99-12260), les juges ont apprécié le trouble anormal occasionné par une construction même autorisée par les règles d'urbanisme.

En l'espèce, Corentin devra apporter la preuve du dommage causé par la construction envisagée. Il appartiendra au juge d'apprécier le caractère excessif du trouble, en dépit de l'autorisation donnée à cette construction.

Par ailleurs, la zone jouxtant l'habitation de Corentin sur laquelle la construction est envisagée est une zone protégée. En conséquence, les règles relatives à la réparation d'un préjudice environnemental peuvent être mobilisées. Le préjudice environnemental est une atteinte aux éléments et aux fonctions de l'écosystème. Cette action est ouverte à toute personne ayant qualité à agir, en particulier les associations agréées ou créées depuis au moins 5 ans, dont Corentin pourrait se rapprocher.

Table des matières

PARTIE 1 Introduction générale au droit

PARTIE 3 L'entreprise et les contrats

PARTIE 4 L'entreprise et ses responsabilités

80559 - (I) - OSB 90 - PCA - NR
Dépôt légal : août 2020

Achevé d'impression par Dupli-Print
N° d'impression : 2020071275
www.dupli-print.fr
Imprimé en France